1　大むかでを退治する俵藤太秀郷（群馬県立歴史博物館蔵『俵藤太物語絵巻』）

2　丹波園田氏旧蔵「園田氏三祖公肖像」の秀郷像（群馬県立歴史博物館蔵）

伝説の将軍
藤原秀郷

新装版

野口 実

吉川弘文館

目次

図・系図・表目次

口絵

挿図

系　図

表

プロローグ

藤原秀郷《ふじわらのひでさと》といえば、「むかで退治」で有名である。その舞台は近江国《おうみのくに》の瀬田川《せたがわ》にかかる瀬田の唐橋《からはし》。平安の昔、三上山《みかみやま》を七回り半する大むかでが人々を困らせていたのを、武勇の誉れ高い俵《たわらの》（田原）藤太《とうだ》ことが秀郷が、龍神にたのまれて弓矢で射殺したというのが当地の伝説である。一九九四年（平成六）十一月十八日付の『京都新聞』には、ここに所在する秀郷ゆかりの雲住寺《うんじゅうじ》で、むかでを供養するための八角形の供養堂の建立がなされ、あわせて同寺にのこる「むかで退治伝説」の木版の現代語訳の本を発行して、市内の学校などに寄贈することになったという記事が載っている。「俵藤太」はまだ現代に生きているのである。

また、近江八景のひとつ「三井《みい》の晩鐘」として知られる園城寺《おんじょうじ》の梵鐘の銘文には、田原藤太秀郷が奉納した古鐘を別に秘蔵することになったために、古鐘を模して、慶長七年（一六〇二）にこの鐘を鋳造したことが記されている。

しかし、藤原秀郷が「田原藤太」として、はじめて文献に登場するのは、十二世紀前半に成立したとされる『今昔物語集《こんじゃく》』巻二十五の「平維茂、藤原諸任を罰つ語、第五」であり、秀郷が「俵（田原）藤太」と称したことはもとより、近江と関係をもったことすら同時代の史料からは確認できないのである。

俵藤太秀郷のむかで退治が巷間に流布したのは、室町時代のお伽草子《とぎぞうし》『俵藤太物語』によるものであろうが、すでにこのストーリーは秀郷の「俵藤太」の呼称をともなって『太平記』（巻第十五）に載せられており、説話の形成は十四世紀以前にさかのぼるものとみられる。

民俗学者の研究によると、俵藤太の「俵」は炭焼きに、「藤太」は井戸掘りや鍛冶・鉱山採掘に関係するといい、むかでは鉱脈を指すという見解もある（若尾五雄『黄金と百足』）。また、至徳元年（一三八四）に成立したとされる『日光山縁起絵巻』は、下野《しもつけ》日光山神を脅かす上野《こうずけ》の赤城大明神《あかぎだいみょうじん》を日光権現《ごんげん》の孫で弓の名人小野猿丸大夫《さるまるだゆう》が退治し、その勝利によって日光権現が男体山《なんたいさん》を狩場として認めるというストーリーであるが、赤城大明神は大むかでの姿で表されている。こうした日光山の縁起や狩猟民の伝承が俵藤太の物語に取り入れられたということも考えられるのである（群馬県立歴史博物館企画展図録『伝説の将軍藤原秀郷』）。

『太平記』は、「俵」の由来について、秀郷がむかでを退治した褒賞として無尽の米俵を与えられたことにちなむと記している。「俵藤太」の呼称の由来や説話形成の事情はそれ自体興味深い問題だが、いずれにしても藤原秀郷が、このような伝説の英雄に仕立て上げられた前提として、かれが平将門《たいらのまさかど》を討ったという事実があったことだけは動かないであろう。ちなみに『太平記』（巻第十六）には、

「俵」藤太が将門を討ったことにかけて、

将門ハ米カミヨリゾ斬ラレケル俵藤太ガ謀《はかりこと》ニテ

という歌が載せられている。

将門は後世東国人からは英雄視されたが、都や畿内近国の人々からは鬼のような存在として怖《お》じ恐れられた。東夷の首魁将門を討った秀郷こそ、むかで退治の英雄とするにふさわしい存在なのであった。それほどに、中世前期の頃の都や西国の人々にとって、東国の叛乱者たちの存在は脅威だったのであろう。

ところで、実は、秀郷も将門も平安前期の東国を荒らし回った群盗（群党）を鎮圧するために、都から下っていった王臣家・貴族たち（これらを総称して「王臣貴族」と呼ぶことにする）の子孫なのであった。そこで本書では、主人公である秀郷に登場を願う前に、その頃の東国の状況と、王臣貴族の下向・留住について考えてみたいと思う。

藤原秀郷の生年は不詳だが、将門の乱当時、すでに壮・老年に達していたものとみられるから、九世紀の末頃と考えるのが妥当であろう。父は下野国の大掾《だいじょう》（国司の三等官）に任じた藤原村雄《むらお》、母は同国の史生《ししょう》で在地豪族とみられる鳥取豊俊《とっとりとよとし》の娘と伝えられている。秀郷が生まれた頃は、西日本では海賊たちが新羅《しらぎ》王朝の崩壊など東アジア世界の動揺の影響をうけて蜂起・掠奪をくりかえしており、東日本では俘囚《ふしゅう》や群盗の叛乱がたえなかった。これらの鎮圧のために、中央から軍事にすぐれた王臣貴族が下されたが、東国では桓武平氏《かんむへいし》が常陸や両総など坂東の東海道ぞいの地方に大きな勢力をふるいはじめていた。将門はその一族である。一方、秀郷の父祖たちも都下りの軍事貴族として東山道《とうさんどう》の下野に根をおろしていた。将門の乱の鎮圧という歴史的使命をにない、後世東国における武芸の祖として武士たちに崇められた秀郷の背後には、かれの先祖たちを含む軍事貴族たちの長年にわたる苦闘の歴史があったのである。

一　秀郷を育んだ風景

1　秀郷の本拠

藤原秀郷の父村雄も母方の祖父鳥取豊俊も下野の国衙《こくが》に勤める官人であった。この二人の居館がどこにあったのかは分からないが、かれらがこの下野国衙の所在した都賀《つが》郡に居所を有したことはほぼ間違いあるまい。

下野国衙は、栃木県教育委員会が昭和五十一年（一九七六）から十ヵ年計画で行なった発掘調査によって、栃木市田村町字宮野辺から大規模な政庁の遺構が検出されており、その所在地は確定されている。この政庁は八世紀の初頭から四期の変遷をへて、十世紀に廃絶しているが、その後、政庁地区から北北東二百メートルほどの微高地上に官衙群の中心がうつり、十一世紀末頃までの活動が確認されるという。

秀郷の本拠の具体的な位置については同時代の史料は何も語ってはくれない。ただ、『今昔物語集』巻二十五の第五に「田原藤太秀郷」とあることから、下野国内に「田原」の地名をさがすと、室町時

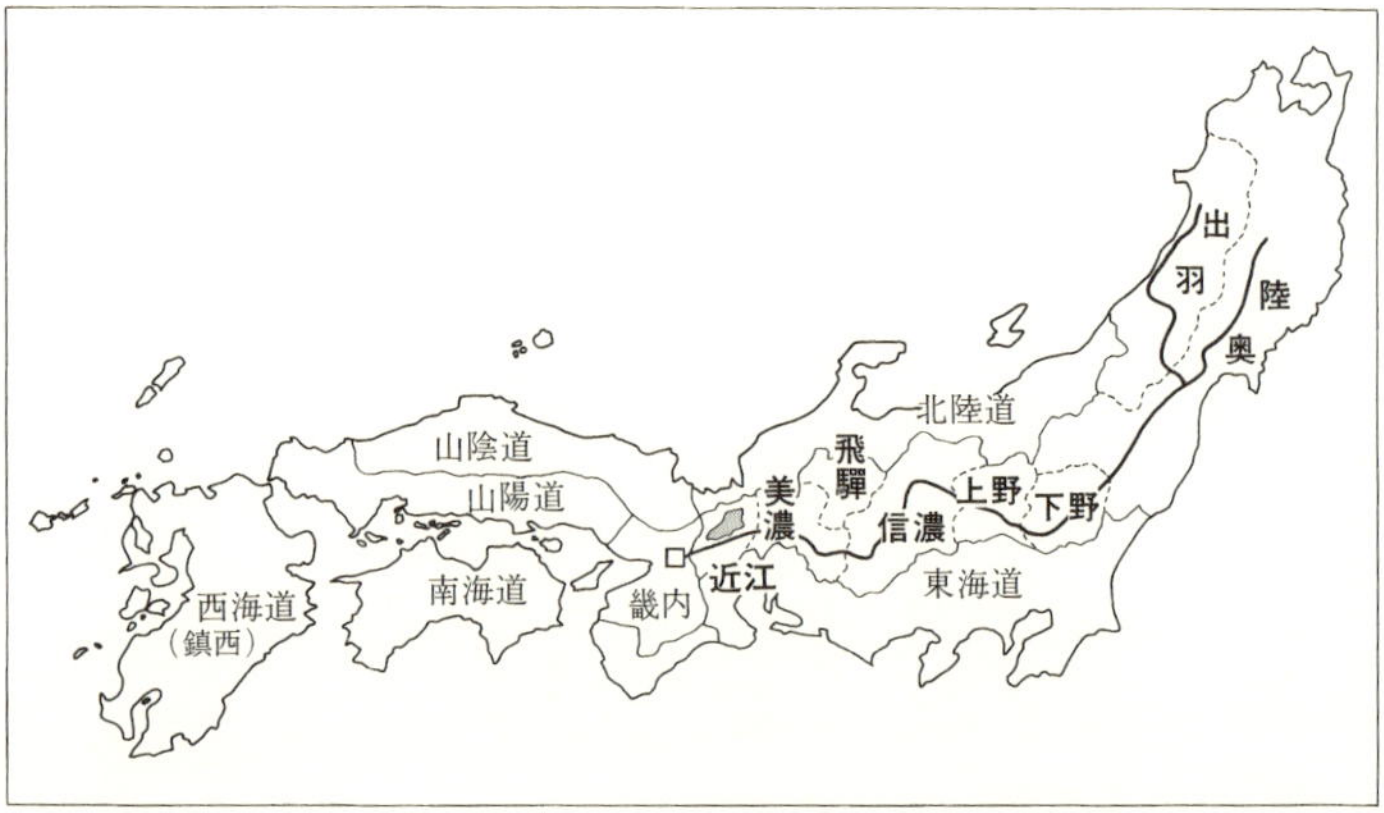

図1　東山道諸国と東山道（栃木県立博物館・(財)栃木県文化振興事業団『栃木をひらく／開発と埋蔵文化財』などによる）

代の史料にみえる「野州田原談所」「田原郷富士山」の所在地に比定される栃木県河内郡上田原・下田原をあげることができる（『栃木県の地名　日本歴史地名大系第九巻』）。また、佐野市の北方に比定される下野国安蘇郡田原とする説もある（阪倉篤義ほか校注『新潮日本古典集成　第29回　今昔物語集　本朝世俗部二』）。しかし、後述するように秀郷の通称は伝承や物語形成の過程で後世に付加された可能性がつよく、その場合、山城国綴《つづ》喜《き》郡田原郷（京都府宇治田原町）が意識されていたとみられるから、これらをかれの本拠地と推定することには躊躇せざるをえない。

佐野市の唐沢山《からさわやま》に秀郷の居所のあったという伝承も確かな根拠はない。この説が広く流布した背景には、秀郷の子孫であることを自らのアイデンティティとした中世の大名佐野氏（戦国期に唐沢山を居城とした）が、その正統性を主張するための政治的意図があったもの

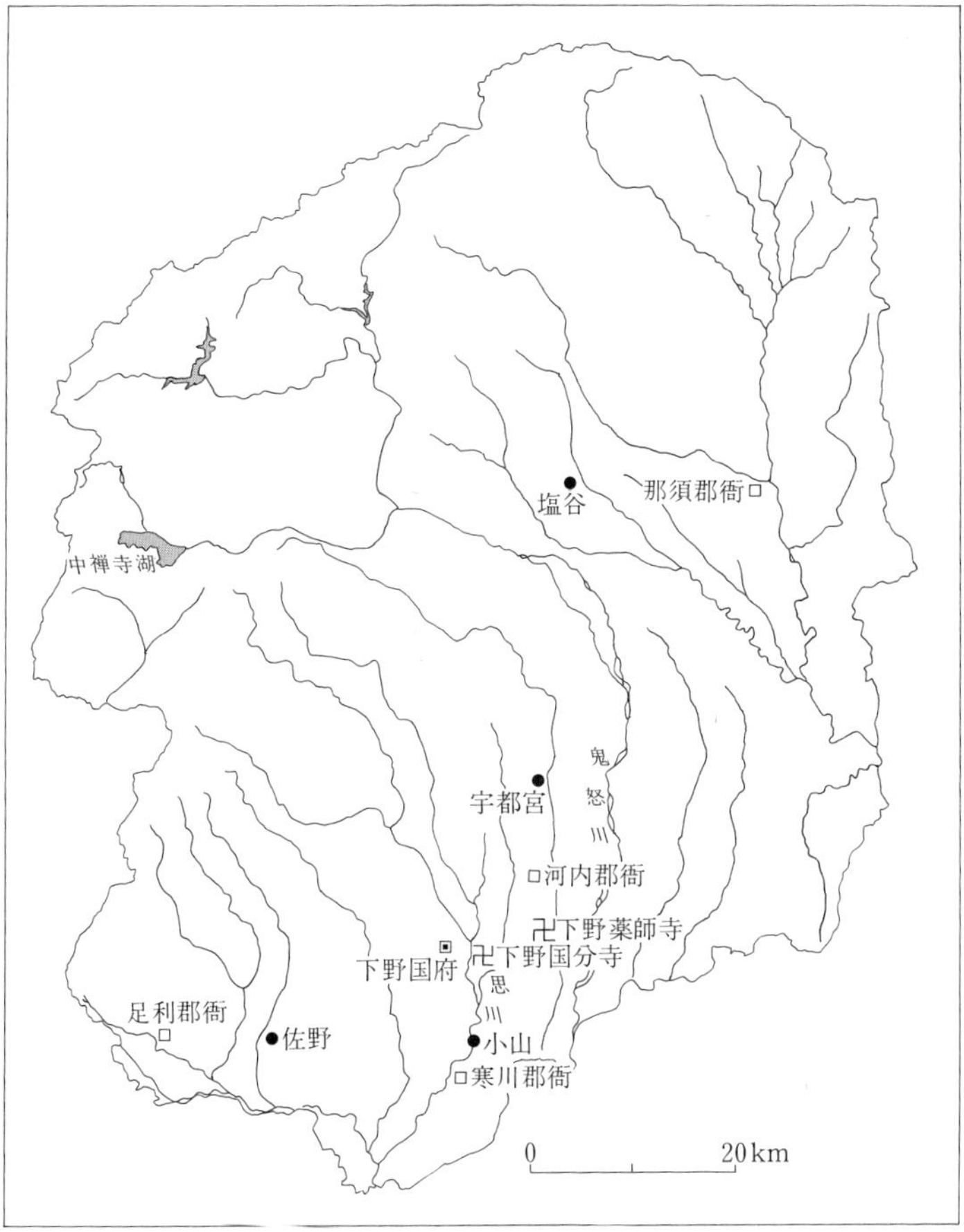

図2　下野国要図（『栃木をひらく／開発と埋蔵文化財』・『角川日本地名大辞典　9　栃木県』による）

図3　下野国の駅家と官道の遺跡（『栃木をひらく／開発と埋蔵文化財』などによる）

とみられる。けれども、この時代の領主は各地に経営の拠点を置いており、現在、佐野市のある地域も秀郷の支配下にあったと思われるから、一概に否定することはつつしまなければならないかもしれない。

下野国の中央南よりに位置する都賀郡には、思川《おもいがわ》・永野川によって作り出された広大な扇状地と沖積平野が郡の南部に広がっている。思川の東岸の洪積台地上には、下野最大の琵琶塚《びわづか》古墳や摩利支《まりし》天塚《てんづか》古墳などが分布していて、このあたりが古くから当地方の政治的中心であったことが知られる。ここは北に日光男体山、東に筑波山《つくばさん》を望む景勝の地である。このように雄大な恵まれた環境のなかで、秀郷は成長したのであった。

都から東にのびてきた東山道は、都賀郡の中央をよぎって北に進み、ふたつの大河川の合流するこの付近は、舟運にも好都合な場所であった。秀郷と同じような存在であった平将門が若い頃、都に出て摂関家の藤原忠平に仕えたように、秀郷も東山道をへて、しばしば都に上っていたと考えてよいであろう。そこでの経験が将門の乱におけるかれの身の処し方を規定したはずである。

藤原秀郷が果たした歴史的な役割は、平将門の乱の鎮圧ということにある。東国における「中世的な武士」の成立の指標は、平将門の乱に求められるのが一般であり、そこで最も武名をあげた秀郷が、後世、東国武士の武芸の祖と仰がれたことは謂れのないことではあるまい。

ところで、この乱の過程で登場する「兵《つわもの》」（武士）は、将門の一族の桓武平氏《かんむへいし》（将門の伯叔父の国《くに》香《か》・良兼《よしかね》・良正《よしまさ》や従兄弟の貞盛など）やその縁戚の一字名の常陸源氏《ひたちげんじ》（源護《まもる》やその子の扶《たすく》ら）、将門を討った藤原秀郷ら東国留住の軍事貴族をはじめ、国司として下向した武蔵介源経基《つねもと》（いわゆる清和源氏《せいわげんじ》の祖）、常陸介藤原維幾《これちか》の子為憲《ためのり》（伊豆の伊東氏など工藤氏一族の祖）、武蔵国押領使《おうりようし》に起用された小野諸興《もろおき》（武蔵《むさし》七党《しちとう》の一、横山党の祖？）ら官牧の管理者、さらに国造《くにのみやつこ》の系譜を引く足立郡司武蔵武芝《たけしば》（足立氏の祖か）など多様であったが、注目されるのは源・平・藤原氏といった、九世紀以後、中央から東国に下った王臣貴族の子孫たちの活躍である。

これらの一族がどのようにして東国に勢力を扶植し、その地からの経済的収益を基盤に中央にも進出をはかる「留住」という存在形態をとるに至っていたのか、まずこの点から考えてみよう。

2　王臣貴族は東国をめざす

王臣貴族の東国留住について考える手がかりとしては、以下の事実をあげることができる（保立道久「古代末期の東国と留住貴族」参照）。

① 仁寿三年（八五三）に政府が下した官符から、当時「孫王《そんのう》」や東国の国司たちが、美濃国を通って、ほしいままに畿外に出入りしていたことが知られる。

② 天安元年（八五七）の源興《おこす》《おこる》以降、十人の嵯峨・仁明系の賜姓源氏がほぼ連続して相模国の国司に任じられている。

③ 九世紀初頭に入って東国に盛んに勅旨田《ちょくしでん》（天皇の命令で空閑地・荒廃地などを開墾した田で不輸祖田となる）が設置された。そのうち、史料上確認される大規模なものの分布を見ると、親王任国《しんのうにんごく》（天長三年〈八二六〉に創設。上総・常陸・上野の三ケ国では親王が太守《たいしゅ》に補任され、介《すけ》が受領《ずりょう》となった）でない坂東諸国、つまり武蔵国・下野国・下総国・相模国のみにあり、特に武蔵国に多い。

④ 坂東《ばんどう》平氏の祖となる平高望《たかもち》の祖父葛原《かつらはら》親王は、常陸・上野・常陸の順に太守を歴任し、上野国利根郡長野牧や甲斐国巨麻郡馬相野を領有していた。

⑤ 元慶八年（八八四）、政府は上総国内の浪人をすべて追放する命令を下しているが、それは上総

国司が「前司子弟国政を顧みず、富豪浪人、吏の行なうところに背く」という状況を太政官に訴えたことによる。

⑥　寛平三年（八九一）の官符に「頃年、京貫の人庶・王臣の子孫、あるいは婚姻につき、あるいは農商を遂《お》い、外国に居住す」とあるように、留住した王臣貴族は、東国において新たな婚姻関係を結び、その子孫の家系を形成していった。

①〜④はすべて王族に関係するものであるが、このことは『将門記《しょうもんき》』に登場する前常陸大掾源護《まもる》の一族や平真樹《まさき》、また延喜十九年（九一九）に武蔵国府を焼いた前権介源任《つかう》など、十世紀前期に東国で軍事貴族化した賜姓王族が将門の一族（平高望の子孫）ばかりではなかったことと対応する。しかし、それらの中で高望流平氏（桓武平氏）が有力となることができたのは、④が背景としてあったからであろう。

ところで、十世紀のはじめの頃に常陸大掾に任じた源護は平高望の子息たちを婿に迎え、その勢力が婿たちによって引き継がれたことが『将門記』によって知られ、それは⑥に対応するが、このような現地豪族との婚姻が留住の必要条件であった。その背景にあったのは、当時の貴族層の婚姻形態で、それは通いを伴う婿入りでありながら氏は父系というものであった。福田豊彦氏は、この方式が家父長制的傾向の強い東国に持ち込まれ、国司の留住と旧来の在地土豪の吸収に大きな役割を果したことを指摘している（『中世成立期の軍制と内乱』）。

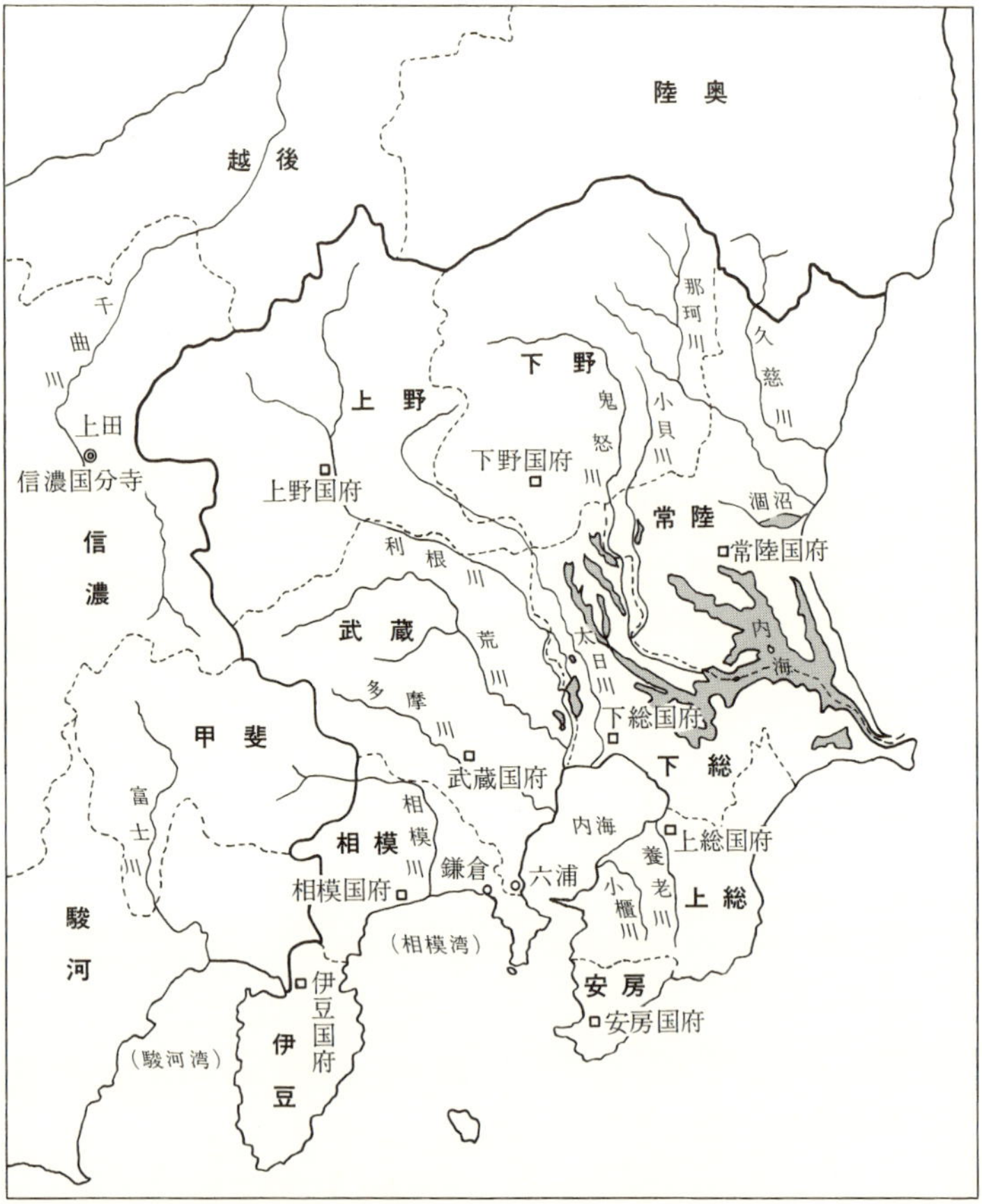

図４　平安時代の坂東（鈴木哲雄「将門の乱から鎌倉武士へ」による）

なお、寛平三年（八九一）九月十一日の格（律令の追加法令）に、畿外に居住する百姓たちが源・平・藤原などの貴姓を僭称する「冒名仮蔭」が問題になっていることが記されているが、これも右のような状況を背景にしたものであろう。

それではなぜこの時期に王臣貴族の東国留住が活発化したのだろうか。これをうまく説明してくれるのが『伊勢物語』（第八段）の、

むかし、男ありけり、その男、身を要なきものに思ひなして、京にはあらじ、あづまの方に住むべき国求めにとて、行きけり

という、あまりにも有名な一節である。

九世紀から十世紀の頃、交通体系の比重が律令制のたてまえとしての陸路から経済効率の高い海路に移行することによって、鉄の価格が一部地方を除いて全国的に平均化したことにみられるように、地方自立の経済的条件が急速に整えられており（福田氏前掲書）、東国は社会経済的に都との関係を緊密化しつつあった。つまり、そのような状況を前提にして、都で地位向上の可能性を失った王臣貴族の一部がフロンティアを〝あづま〟（東国）に求めたのである。そしてその留住に至る具体的な方法も『伊勢物語』（第十段）に、

むかし、男、武蔵の国までまどいありきけり、さて、その国にある女をよばいけり

と直截に記されている。「よばい」はすなわち婿入りによる子孫の家の形成である。

それにしても、九世紀に政府が積極的に東国とりわけ坂東（現在の関東地方）に親王任国を配置したり勅旨田を設定したという事実からは、東国と王族の関係強化をはかろうとする政策的な意図が容易に看取されよう。

ここで想起されるのが、かつて高田実氏・戸田芳実《よしみ》氏によって提起された群盗蜂起鎮圧兵力として軍事貴族が東国に配置されたという見方である（高田「一〇世紀の社会改革」、戸田『初期中世社会史の研究』）。表1に示したとおり、当時の坂東は、嘉祥元年（八四八）に上総国で俘囚丸子廻毛《まるこのつむじ》らが叛逆したのをはじめ、武蔵では貞観三年（八六二）頃、「凶猾《きょうかつ》党をなし、群盗山に満つるなり」という状況にたち至るなど、俘囚・群盗の蜂起が相次ぎ、これにたいして朝廷では諸国・諸郡に検非違使《けびいし》を置くなどの対策を講じたが一向に効果がなく、これらの鎮圧は緊急の政治的課題となっていた。九世紀の東国・坂東は王臣貴族の新天地である以前に俘囚群盗の跳梁跋扈する叛乱地帯だったのである。

そうした東国に新たな飛躍の場を求めた王臣貴族たちにとって、何よりも必要だったのは武力であった。収奪のためのみならず、在地の土豪を帰服させ、その娘を差し出させるためにも武力がものを

表1　東国の叛乱と政府の対策

年　次	事　　項
延暦11年（792）	6月，辺要の地を除いて軍団を廃止し，健児制を設置する.
20年（801）	2月，坂上田村麻呂，蝦夷征討に出発する.
21年（802）	正月，坂上田村麻呂，陸奥国に胆沢城を築く.
弘仁11年（820）	2月，遠江・駿河国に配した新羅人700人が叛乱する.
嘉祥元年（848）	2月，上総国の俘囚，丸子廻毛等叛逆する.
貞観3年（861）	11月，武蔵国に凶賊多く，毎郡に検非違使を置く.
8年（866）	7月，美濃国の各務・厚見両郡司，歩・騎兵を率いて尾張国の郡司・役夫等を襲撃する. 11月，健児・統領・選士の弱体化により，試練を加えることを命ずる.
12年（870）	12月，上総国で俘囚が叛乱する.
17年（875）	5月，下総国で俘囚の叛乱が勃発，武蔵・上総等の国から兵を動員する. 7月，下野国で俘囚が叛乱する.
元慶2年（878）	4月，出羽国で俘囚の叛乱が勃発する. 5月，藤原保則，清原令望等を出羽国に派遣する. 6月，小野春風を鎮守府将軍とし，秋田城を救援させる.
7年（883）	2月，上総国市原郡で俘囚の叛乱が勃発する.
寛平元年（889）	4月，東国の賊首，物部氏永が蜂起する. この頃，平高望が上総介として下向したとされる.
7年（895）	この頃，東国において僦馬党が横行する.
昌泰2年（899）	9月，僦馬党を取り締まるために，相模国足柄坂・上野国碓氷坂に偵邏を設置する.
延喜16年（916）	8月，下野国で藤原秀郷ら18人が追捕・配流される.
19年（919）	5月，武蔵国で前権介源任が官物等を奪った上に，国守・権守らを襲撃して国府を焼く.
延長7年（929）	5月，下野国で藤原秀郷が再度乱行し，国々の「人兵」が派遣される.
承平4年（934）	7月，兵庫允在原相安，諸家兵士・武蔵国兵士を率いて海賊を追捕する.
5年（935）	2月，平将門，前常陸大掾源護の一族と，その姻戚である伯父国香を殺害する（将門の乱勃発）.

いったのである。武芸は情報や技術の集約される都市でこそ洗練され鍛えあげられるものである。優秀な武器の製造は、質のすぐれた材料が供給される都市の名工にかからねばなされなかった。東国に下向する王臣貴族は最新の武器・武具を装備した武芸のプロを郎等《ろうどう》として都から伴い、群盗蜂起の鎮圧に当たって留住の地ならしを進めたのであった。かれらの多くは元来軍事にすぐれた存在であったであろうし、そうでなくても、その成功のために軍事貴族化は必然の方向だったのである。

後述するように、秀郷の曾祖父藤成が下野に下って国衙の史生を勤める在地豪族鳥取業俊《なりとし》の婿となったのも、そのような努力の成果の証であったものと考えてよいであろう。

3　桓武平氏と一字名の源氏の活動

群盗（群党）蜂起への対策を目的に東国へ下向留住した軍事貴族の代表的存在が桓武平氏と一字名の（嵯峨天皇あるいは仁明天皇系の）源氏である。

桓武平氏から見ていくと、弘仁二年（八一一）十月、桓武天皇の皇子葛原親王が上野国利根郡長野牧（群馬県利根郡月夜野町ヵ）を賜っており、そのような東国との関係を前提にして、九世紀の末に至り、親王の孫にあたる高望王が平朝臣姓をうけて上総介に任じ、そのまま留住することになったと思われる。

図5　坂東・甲信地方の古代の牧（竹内理三「将門の乱と古代の終焉」による）

　源氏については、寛平五年（八九三）三月十六日付の「太政官符」に、甲斐・武蔵・信濃・上野等国御牧使として嵯峨源氏の右馬助源悦《よろこぶ》（『尊卑《そんぴ》分脈《ぶんみゃく》』によると、延長八年〔九三〇〕没）が所見する。馬の供給源である牧は軍事貴族にとって欠かせないものであったから、これは、十世紀の常陸・武蔵に、一字名の嵯峨源氏あるいは仁明源氏系とみられる軍事貴族が展開することの前提として評価すべき事実といえよう。

　この一字名の源氏の活動に

系図1　嵯峨源氏略系図（『尊卑分脈』による）

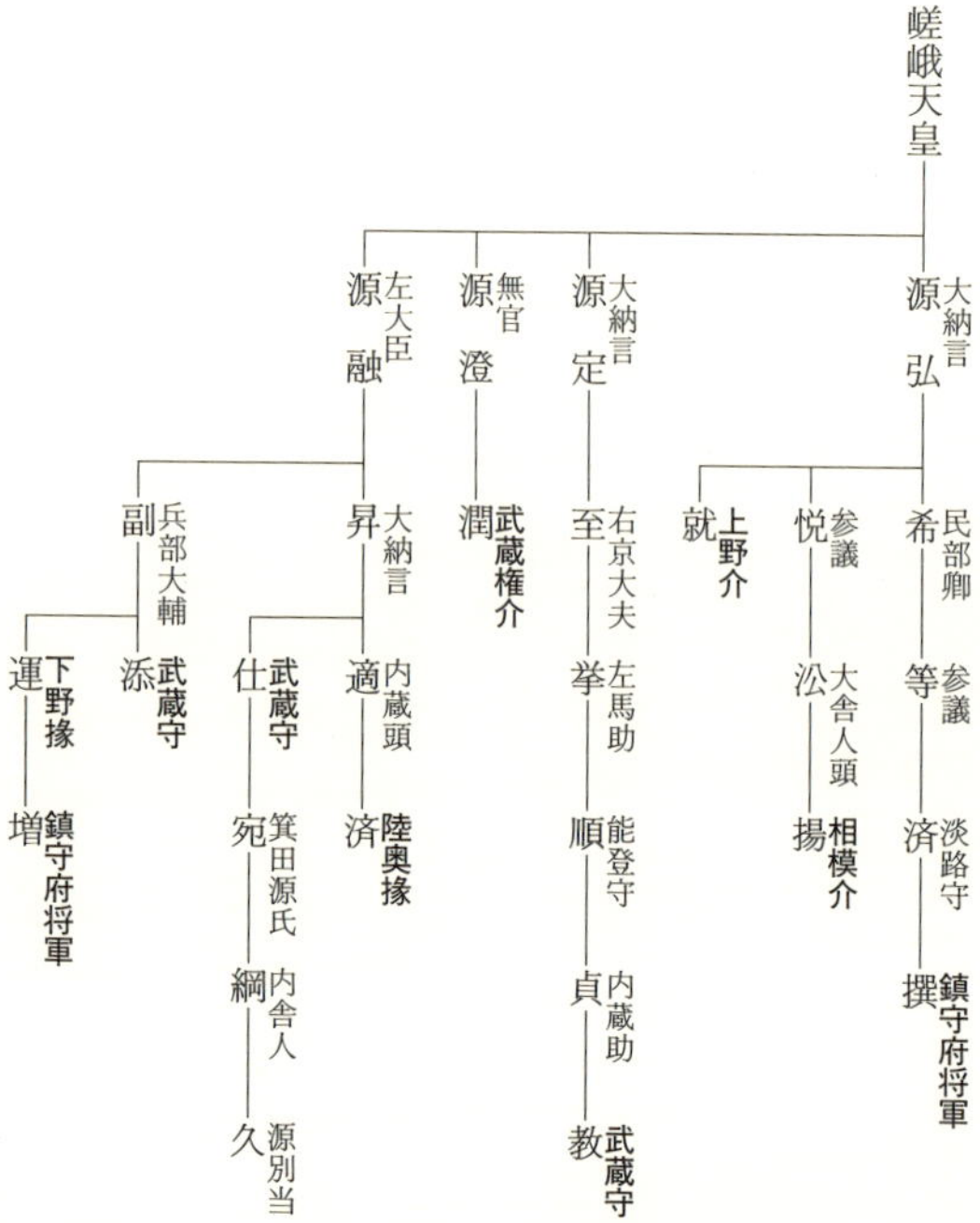

ついては、延喜十九年（九一九）五月二十三日、武蔵国が前武蔵権介源任《つかう》の乱行を報告したことが知られる。それによると、任が武蔵守高向利春《たかむこのとしはる》を攻めようとして官物を運び取り、官舎を焼き、国府を襲撃したというのだが、ここにみえる高向利春は、秩父牧（埼玉県秩父郡・児玉郡）の別当から武蔵国の権少掾、ついで介に転じ、ついには守に任じた人物である。

一方、源任は『尊卑分脈』に嵯峨源氏の融《とおる》の孫「仕（従五位下武蔵守）」として所見し、『今昔物語集』に登場する充《あつし》《あつる》がこの仕の子の「宛（渡部・箕田《みた》源氏）」に比定される。また、『渡辺系図』（『続群書類従』）には「仕——敦」と見え、これは「任（仕）——充（宛）」に同定できよう。ちなみに、『尊卑分脈』に仁明源氏左少将賢《かしこし》の子として見える「敦（多田満仲婿・源次）」も、箕田ノ源二充と同じ人を指すものとみられ、一字名の源氏の系譜に関する所伝は錯綜・混乱している。

なお、『尊卑分脈』にみえる嵯峨源氏系を略記すると右のとおりで、先に見た源任や宛などのほかにも、当時、一字名の源氏の一族が広く坂東に進出したことがうかがわれる。

『将門記』から、承平五年（九三五）の段階ですでに常陸南部に大きな勢力を有した前掾源護が、平高望の子息たちをその婿としていたことが知られ、また、『今昔物語集』（巻二十五）には、高望の子で武蔵国大里郡村岡（熊谷市）に住んで村岡五郎と称した平良文《よしふみ》と足立郡箕田郷（鴻巣市）を本拠として「箕田ノ源二」と呼ばれた源充が、武芸の技量を争って一騎打ちを行なったことがみえる。したがって、坂東を地盤にした軍事貴族としては、一字名の源氏の方が桓武平氏より先輩格のようである。

4　南家黒麻呂流藤原氏の場合

以上、前二節においては、藤原秀郷の父祖がどのように下野に勢力を伸ばしていったのかを考える手がかりとして、平将門の乱以前の東国における王臣貴族の下向・留住の事情やその実態について述

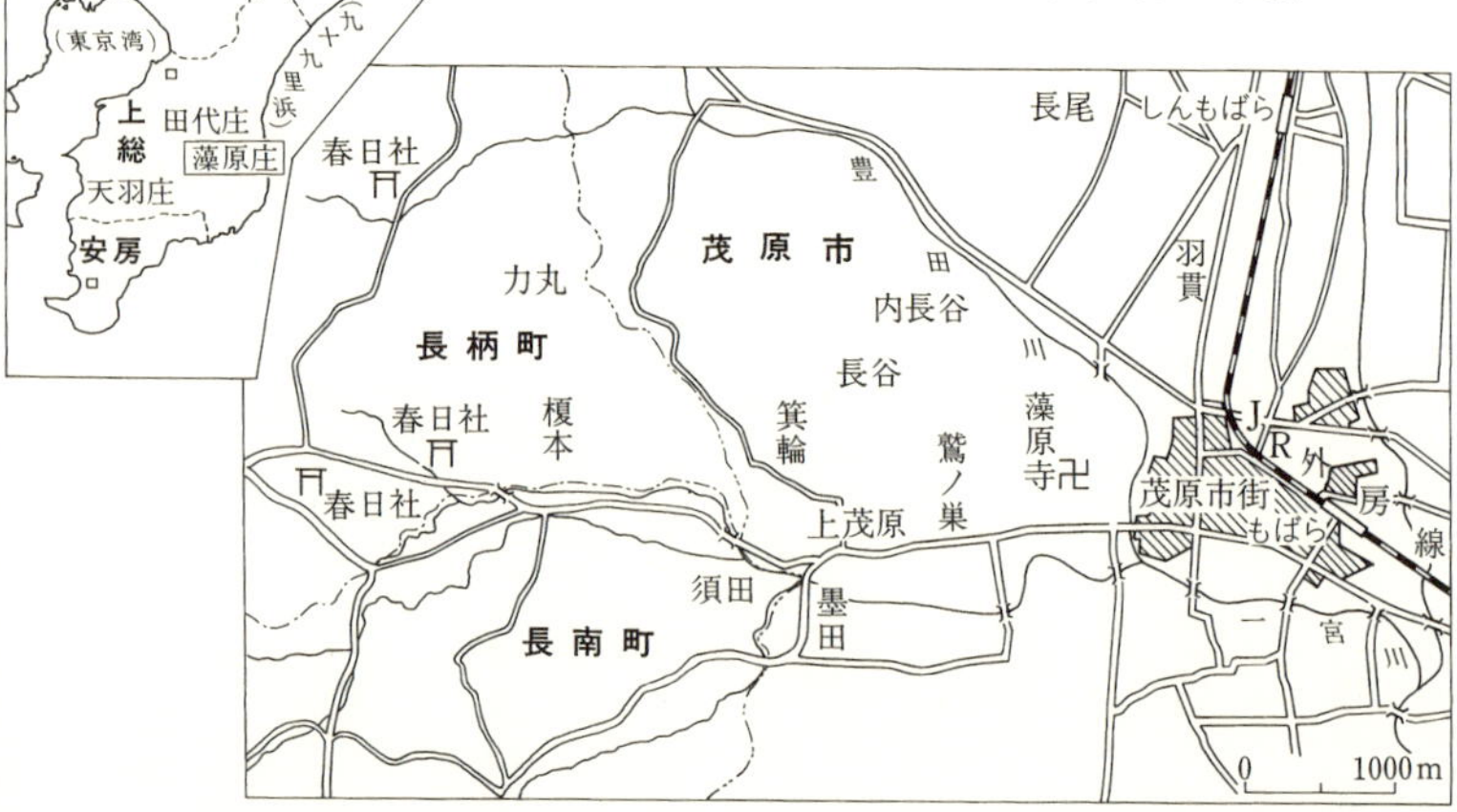

図６　藻原庄の位置（鈴木英夫「国司が開発した藻原荘」などによる）

べてきた。しかし、その具体的なプロセスについては今一つ不明な点が多い。そこでここでは、もともと武をになった家系ではないが、坂東留住を契機として軍事貴族的な存在へと展開をとげる南家《なんけ》黒麻呂《くろまろ》流藤原氏をとりあげ、そこから秀郷の先祖たちの動きを類推してみたい。

『朝野群載《ちょうやぐんさい》』巻十七に収められた寛平二年（八九〇）八月五日付「従四位上藤原良尚《よしひさ》蔭子菅根《すがね》等連署荘園施入帳」は、藤原良尚の蔭子《おんし》六人が、先祖の私業藻原《もばら》・田代《たしろ》両庄を興福寺の諸聖衆供料および維摩会料の荘園として施入した事情を記したものである。

これによれば、藻原庄（千葉県茂原市）は良尚の祖父にあたる黒麻呂が藻原牧の原野を墾いたことにはじまる。黒麻呂は藤原氏南家の参議巨勢麻呂《こせまろ》の子で、宝亀八年（七七七）に上総介から上総守に昇任されており、藻原牧の領有はその在任中のことと考えられる。

黒麻呂の子の春継《はるつぐ》は常陸介に任じ、在地の豪族と思われる常陸大目坂上《おおさかん》氏の娘を妻としている。その後、かれは上総国に住んだようで、父の代から買得集積した土地をあわせて田代庄（長柄郡と天羽郡に分在し、後者の部分は「天羽庄」とも呼ばれた。現在の長生郡長柄町田代および富津市内に比定される）とした。坂上氏の娘との間に生まれた良尚は、中央に出て右近衛将監を振り出しに上総権介や近衛の少将・中将などを歴任の後、従四位上右兵衛督兼相模守に到る。その卒伝（『三代実録』元慶元年〔八七七〕三月十日条）には「姿容は美しく、武芸を好み、膂力《りょりょく》は人に過ぎ、はなはだ胆気有り」とみえている。

寛平二年（八九〇）における良尚の蔭子六人による藻原・田代両庄の興福寺への施入は、春継の墳墓の地であることを前提にして、あくまでも在地における土地領有権を保持するための方策に過ぎず、この意味からすれば、東国における初期荘園の典型とされるこの上総国藻原・田代両庄は、寄進型荘園の先蹤ともいえる性格を有するものであった。

良尚の子のうち、菅根・当幹《まさもと》の兄弟は文章生として立身し、藤原氏北家の嫡流で左大臣の時平と結んで菅原道真を失脚させ、ともに晩年に参議となっている。菅根の子元方《もとかた》も文章得業生《もんじょうとくぎょうしょう》となって大納言にまで進んだが、娘が村上天皇の第一皇子広平親王を産んだにもかかわらず、藤原師輔の娘の産んだ第二皇子憲平親王（のちの冷泉天皇）が皇太子に立てられたので外戚の夢を絶たれている。このため、摂関家に遺恨をのこして死んだかれが怨霊として恐れられるようになったことはよく知られている。

系図2　南家黒麻呂流藤原氏関係系図

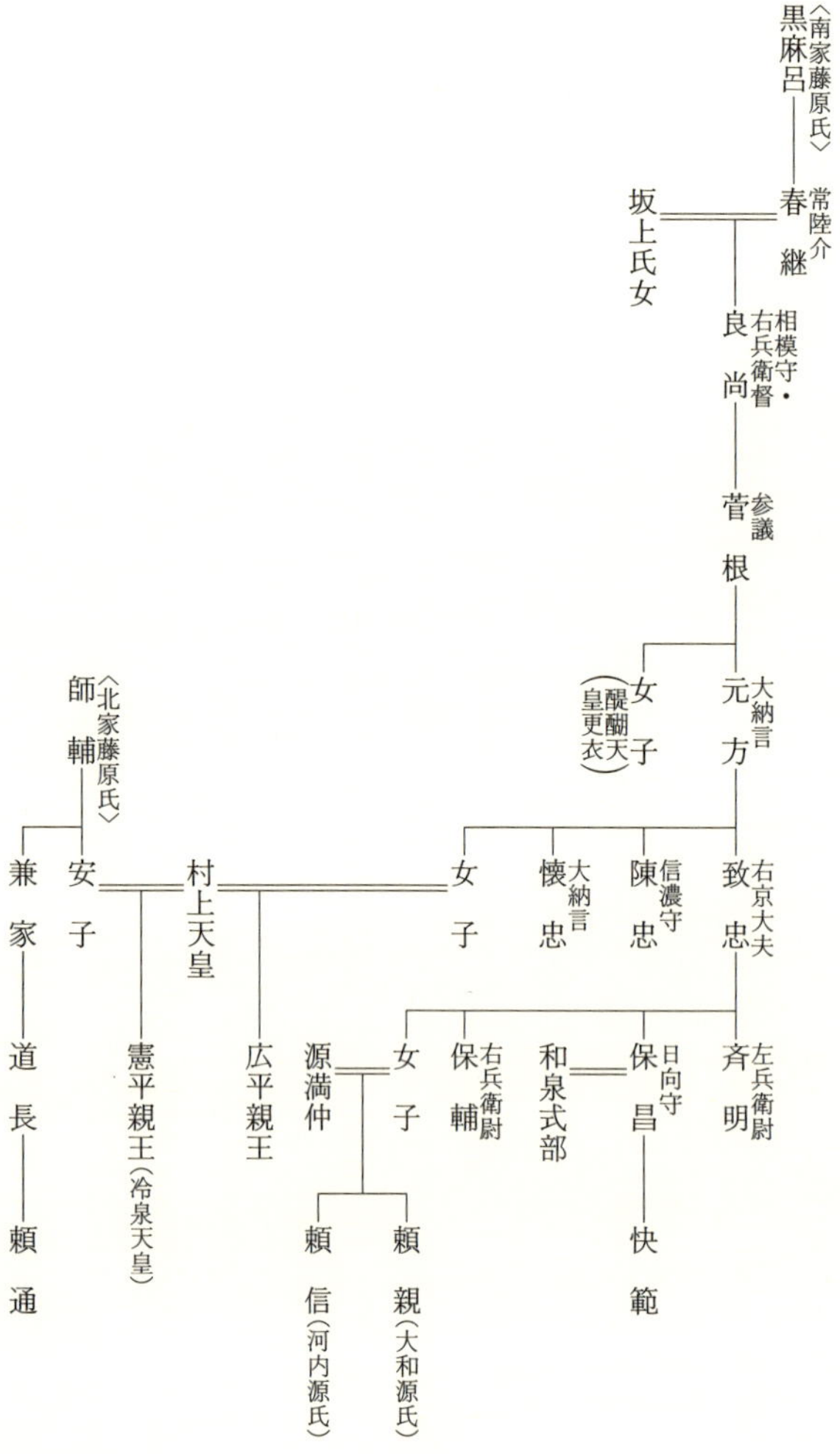

『江談抄《ごうだんしょう》』によると、この元方は、平将門の乱に際し、朝議によって、その任に堪えるのゆえをもって征討の大将軍に選ばれるということがあった。これは、結局、元方が藤原忠平の子息を副将軍として同行したいと主張したために実現しなかったが、「その任に堪える」とされたのは、未だにかれの一族が上総国に権益を保持していたことを示唆する。ちなみに、元方が忠平の子息の同行を求めたのは、将門が忠平を本主と仰ぎ、中央政界における後ろ盾にしていた事情を熟知しており、降伏勧告の折衝に有利とみたからであろう。

さて、元方の子の致忠《むねただ》は、長保元年（九九九）に前相模介橘輔政《たちばなのすけまさ》の男を射殺して佐渡に流されるという「兵」に類する行動をみせ、その子保昌《やすまさ》は、『二中歴《にちゅうれき》』に武者の代表的存在としてその名をあげられることになる。ここに至って、上総に留住したことを契機に黒麻呂流藤原氏が軍事貴族的方向に向かったことは明白であろう。

5　父祖の足跡

上総国に留住した南家黒麻呂流藤原氏の子孫たちの動向を概観した。これを秀郷の父祖のケースと比較してみよう。

下野に留住した藤原秀郷の先祖が軍事貴族として活動を開始した事情については、鎌倉幕府の編纂した歴史書『吾妻鏡《あずまかがみ》』に次のような二つの記事が見える。

曩祖《のうそ》下野少掾《しょうじょう》豊沢、当国の押領使として、検断のごときの事、一向にこれを執り行なう。秀郷朝臣、天慶三年さらに官符を賜わるの後、十三代数百歳、奉行の間、片時も中絶の例なし。
（承元三年〔一二〇九〕十二月十五日条）

下野国大介職《おおすけしき》は、伊勢守藤成朝臣以来、小山出羽前司長村に至るまで、十六代相伝し、敢えて中絶の儀なきのところ、
（建長二年〔一二五〇〕十二月二十八日条）

これによれば、秀郷の曽祖父にあたる藤成が下野国の大介職に任じ、さらにその子下野少掾豊沢が当国の押領使に補されて国内の軍事・警察権を掌握して以来、その職務は子孫に継承され、それが鎌倉時代に秀郷の嫡流を標榜した小山氏が下野守護を歴任することになった由来だというのである。

一方、『尊卑分脈』には左（系図3）のように記されていて、『吾妻鏡』の記事と符合し、また藤成以来、この系統が在地豪族と婚姻関係を幾重にも結んでいたことが知られる。すなわち、下野国と最初に関係をもったのは、秀郷の曽祖父にあたる藤成《ふじなり》であり、かれと在地の豪族鳥取業俊《なりとし》の娘との間に豊沢《とよさわ》が生まれたことが、この家系が成立した端緒といえよう。

しかし、藤成は弘仁十三年（八二二）従四位下伊勢守として三十七歳で卒しており（『日本紀略』同年五月四日条）、あくまでも中央貴族の一員であった。とすると、かれが下野に権益を有するようになったのはいつのことだったのだろうか。

そこでかれの官歴を調べてみると、弘仁二年正月二十九日に従五位上をもって播磨介に任じ、同六年正月七日に正五位下に叙され、つづいて七月二日には同国の守に昇任したことが知られる。とすれば、かれが下野と関係をもち得る時期は播磨介に任命される以前の可能性が大きい。おそらくかれは弘仁元年以前の青年期に下野の介または掾として赴任し、在地の土豪鳥取氏と婚を結び、豊沢をえたのであろう。豊沢は当時の社会慣習にしたがって父の転任後も下野の鳥取氏のもとで成長し、成人に達した後、その血

系図3　秀郷の父祖（『尊卑分脈』による）

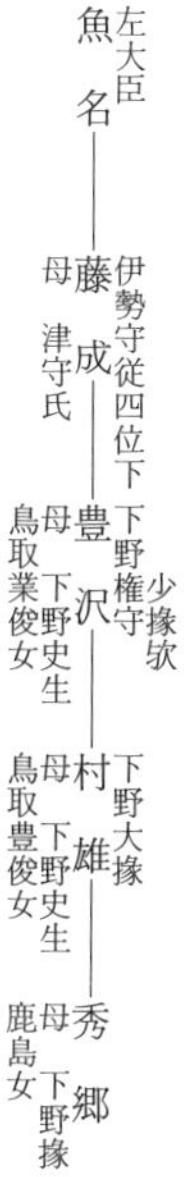

系図4　藤原氏と在地豪族の婚姻関係

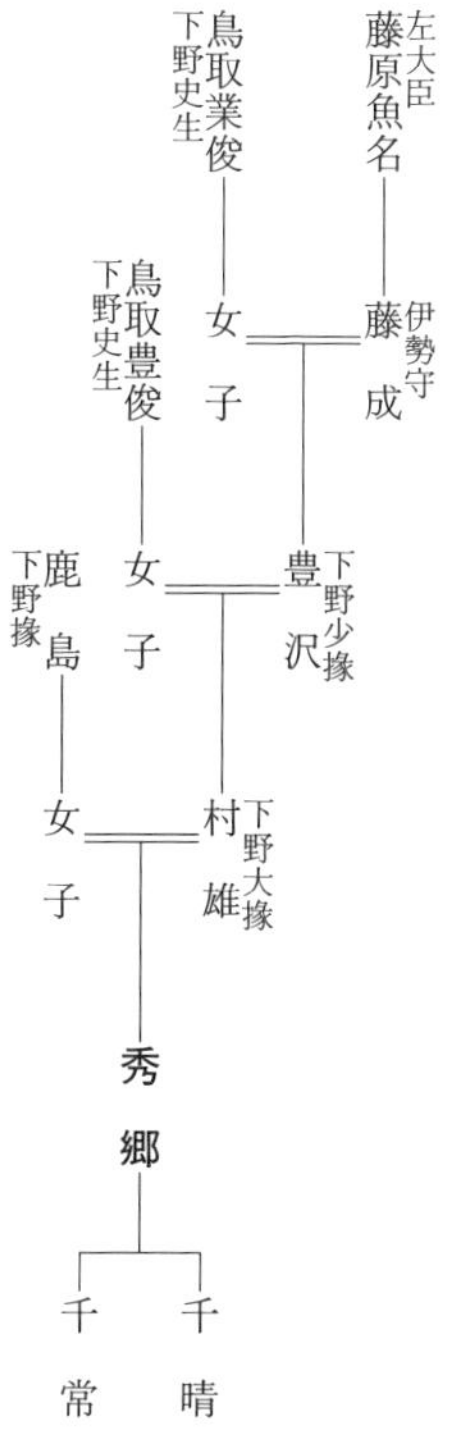

統を背景に任用国司の一員に加えられたものと思われる。この推定が正しければ、豊沢が下野の在庁官人として活動を始めるのは九世紀の半ば頃のことであろう。

豊沢は、中央での栄達を志向せず、妻を母方の鳥取氏から迎えて、さらにその関係を緊密にした。この段階で、おそらく下野の在地豪族鳥取氏は実質的にこの藤原氏に吸収されてしまったものとみられる。このあたりが、あくまでも中央での政治的地位の確保に努めた黒麻呂流藤原氏と相違するところであるが、後述のごとく、秀郷が源高明家と関係を有していたことがうかがえるように、中央権門とのつながりには腐心して、それをもって都から下向してくる国司にたいする自立性を確保し、また在地支配のバックボーンにしていたものと思われる。

黒麻呂流藤原氏の場合、良尚はすでに「左京人」であり、かれ以降の世代が上総に居住した形跡は得られないが、この一族が現地の管理のために下向・留住した可能性は高いし、藻原庄などを興福寺に施入した後も在地に権益を保持したであろうことは前述のとおりである。もともと南家藤原氏は武の家ではなかったが、上総は下総とともに東国における俘囚叛乱の中心地であり、ここに拠点を築いた藤原氏は武的性格を帯びざるを得なかったことであろう。また、荘園からの貢納物輸送のために強雇的活動をとらざるを得ない状況下では、武装輸送請負集団との連携が必要であった。そこで重要な意味を持つのは、春継が「常陸大目坂上盛女」を妻としたことで、これによってはじめてかれは「前司子弟」としての実力をもって藻原庄に「寝居」し得る立場を確立したものと思われるのである。それを端的に示すのが、この二人の間に生まれた良尚が、たぐいまれなる武的資質に恵まれていたということで、これは母方坂上氏による現地教育の成果に相違あるまい。ちなみに、中央に出仕した良尚の官歴は右近衛権将監《うこのえのごんのしょうげん》からスタートしているが、将監は宮廷における武芸のプロフェッショナルである近衛府下級官人の最上位に位置する地位であり、東国と都の武芸の交流と切磋琢磨がうかがわれて興味深いものがある。

一方、秀郷の父村雄《むらお》は父と同様に、下野の国司の一員としての権力を背景に在地の豪族を配下におさめ、父祖以来各地に集積した広大な土地に農民を集め、田地を開墾・耕作させ、強大な実力を蓄えていったものとみられる。

このようにして営まれた田地を歴史学の概念では私営田《しえいでん》と呼ぶ。私営田は領主の直営地で、各地に拓かれた広大な私営田には、それぞれ田屋とか営所と呼ばれる生産拠点が設定されていた。藤原黒麻呂の開発した藻原庄もそのような私営田経営の一単位とみてよい。

留住貴族は経済的には私営田領主として存在していたわけで、『将門記』によると、前常陸大掾源護の一族は、野本・石井《いわい》・大串・取木など、常陸国南部の筑波・真壁・新治の三郡の各所に私営田経営の基地をもっていた。また、平将門の本拠であった石井営所には「兵具の置所」「東西の馬打」といった軍事的な施設も整えられていたことが知られ、村雄も同様に下野南部一帯に広大な私営田を保有し、各地にその経営と軍事のための拠点を構えていたものとみてよいであろう。

これにたいして黒麻呂流の菅根・元方の二代は、都を活動の場に文人貴族として立身している。しかし、前述のように、平将門追討の大将軍に元方を任ずる議があったという『江談抄』の所伝は、この家が上総の地盤を保持しながら、武者の側面を備えていたことを思わせる。

ここで想起されるのが、十世紀後半の作である『宇津保物語《うつぼ》』祭の使の巻に見える勧学院の学生《がくしょう》藤英（藤原季英）の嘆きの言葉である。

料（学問料）給はりて、今年廿余年になりぬるに、一のしきあてず、兵を業として悪を旨として、熊、鷹狩、漁にすゝめるものゝ、昨日今日入学して、黒し赤しの悟なきが、そく（賄賂）ヲ奉るを、序を越して、

私には、ここに見える「兵を業として悪を旨として、熊、鷹狩、漁にすゝめるもの」が、菅根や元方らの姿とオーバーラップするのであるが如何であろうか。そして、この家系に脈々と受け継がれた東国仕込みの剛毅だが暴力的な血は、元方の孫の世代に至って、『今昔物語集』に「志猛クシテ弓箭ノ道ニ達」りとか、「露家ノ兵ニモ不劣トシテ、心太ク、手聞キ、強力ニシテ、思量ノ有ル事モ微妙ケレバ、公モ此ノ人ヲ兵ノ道ニ被仕ルニ、聊カ心モト无キコト无カリキ。然レバ世ニ、靡キテ此ノ人ヲ恐ヂ迷フ事无限リ」と伝えられた保昌や、「強盗張本本朝第一武略、蒙追討宣旨事十五度」と『尊

卑分脈』に記された保輔《やすすけ》を生むことになるのであった。

ところで、中世に源氏と並んで武門の棟梁の家を構成する桓武平氏の祖高望王が平姓を賜わるのは寛平元年（八八九）と考えられ、その翌年に上総介として下向したと伝えられている。それはちょうど黒麻呂流の藤原菅根らが藻原庄・田代庄を興福寺に施入したその年のことであった。そして高望は任終後も坂東に留まり、在地の豪族の娘と通婚。所生の子息は常陸・両総の各地に軍事貴族として地盤を築くに至る。おそらく高望やその子息たちは、秀郷の父祖たちと同様に「前司子弟」の先駆者たる藤原春継らの留住形態を踏襲したことであろう。

二　秀郷の登場

1　平将門の乱

いっときの間、坂東《ばんどう》に独立国家を樹立して王朝政府を震撼させた平将門《たいらのまさかど》の乱は、同時に西海で発生した藤原純友《すみとも》の乱と合わせて承平《じょうへい》・天慶《てんぎょう》の乱とも呼ばれている。この事件は、律令国家体制がくずれて、徴税対象が人から土地へ、地方行政が受領の請負となる王朝国家体制へと転換する過程で起こった内乱で、乱が地方豪族の武力によって鎮圧されたことから、かれらが国家の軍事・警察権を掌握する端緒となった契機、すなわち中世的な武門成立の起点として位置付けられている。

平将門は鎮守府《ちんじゅふ》将軍良持《よしもち》の子である。若年のころ都に出仕した後、父の遺領である下総《しもうさ》国猿嶋《さしま》郡(茨城県猿島町)や豊田郡(同　石下町)を受け継いだが、妻の父にあたる伯父の良兼《よしかね》らの一族と対立するに至り、承平五年(九三五)には良兼の舅で前常陸大掾《ひたちのだいじょう》の源護《まもる》と戦ってその子息扶《たすく》らを討ち、それを助けた伯父国香《くにか》を殺し、叔父良正《よしまさ》の軍をも打ち破った。

その後しきりに一族との間で大規模な私闘を繰り返したが、将門はかずかずの戦いを勝ち抜くこと

系図5　平将門とその一族（福田豊彦『東国の兵乱ともののふたち』による）

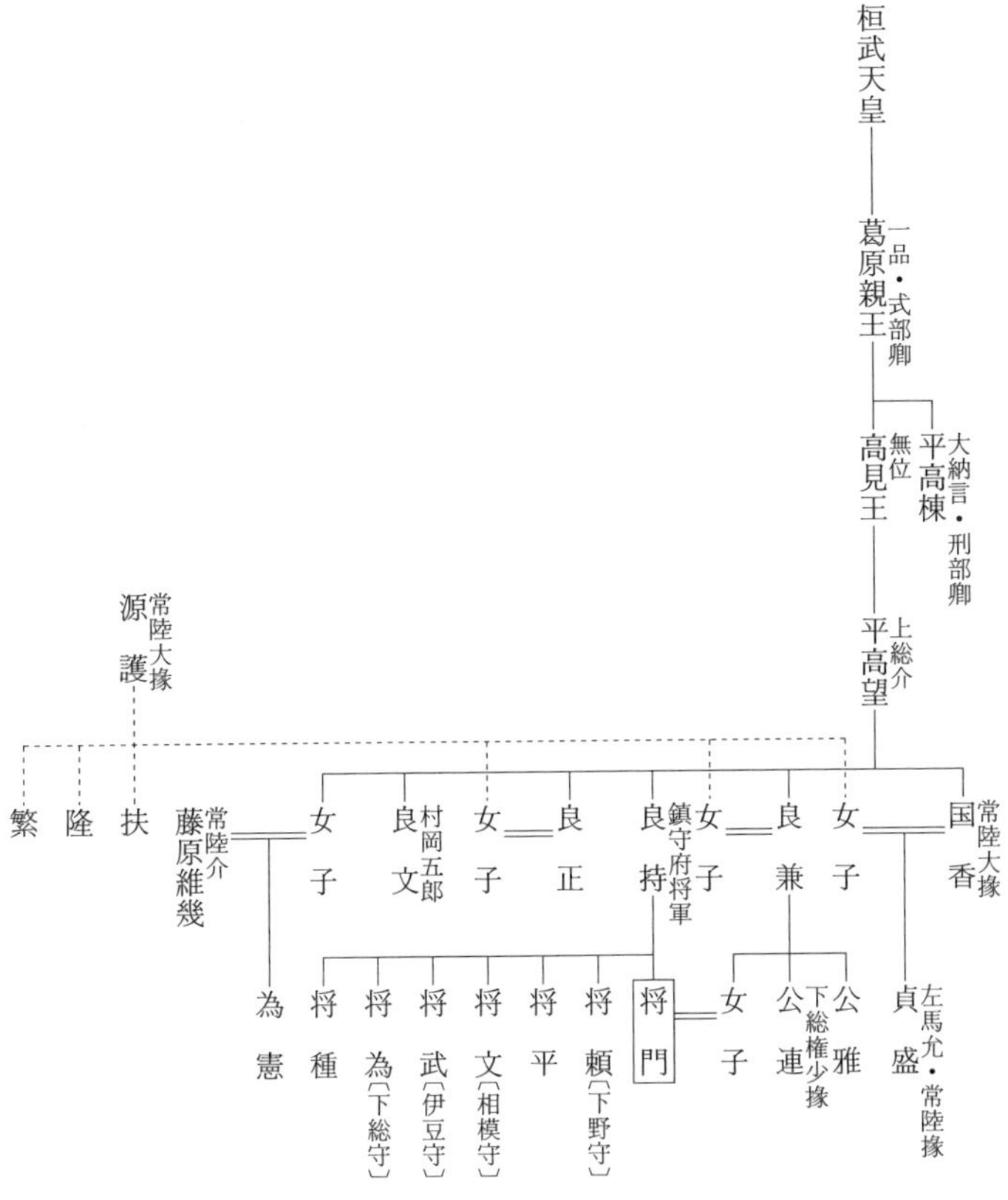

〔　〕内は将門が任命

で、兵としての名をあげて威勢を確立し、天慶元年（九三八）頃から、朝廷・国衙の収奪強化、綱紀引き締め政策によって頻発していた国司と地方土豪との紛争の調停に乗り出すようになった。将門はまず武蔵国司と足立郡司武蔵武芝《むさしのたけしば》との争いに介入し、さらに常陸国司と対立する土豪藤原玄明《はるあき》を援助した。しかし、この紛争の調停に失敗した将門は、天慶二年（九三九）十一月、常陸国衙を攻略することとなる。このとき印鎰《いんやく》（国印と倉の鍵）を奪って国司を捕えるという行動に踏み切ったことは、それまでの私闘から公然たる国家にたいする叛乱へと、事件の性格を大きくかえることになった。

このののち将門は短時日のうちに坂東を占領し、上野国府において八幡大菩薩《はちまんだいぼさつ》の託宣と菅原道真《みちざね》の霊による帝位授与を称して自ら新皇《しんのう》と名乗り、一族配下の者を東国諸国の国守に任命することで京都にたいする独立を宣言した。これにたいして王朝政府は天慶三年正月、東海・東山両道の追捕使《ついぶし》を任じ、ついで藤原忠文《ただふみ》を征東大将軍とし、また官符を下して恩賞をもって在地土豪の将門討伐への決起をうながした。これをうけて、当時下野掾《しもつけのじょう》・押領使《おうりょうし》だった藤原秀郷は、征討軍の到着する以前に、平国香の子息貞盛《さだもり》らとともに四千余人の兵を率いて将門の軍を破り、二月十四日、将門は矢に当たって討死にした。

王朝国家は藤原秀郷や平貞盛など地方留住の軍事貴族（兵《つわもの》）の武力を利用することで乱の鎮圧に成功した。この乱の後、かれらの子孫は地方だけでなく「都の武者《むしゃ》」＝中央軍事貴族としても活躍し、国家軍制のなかで明確な役割を与えられるようになるのである。

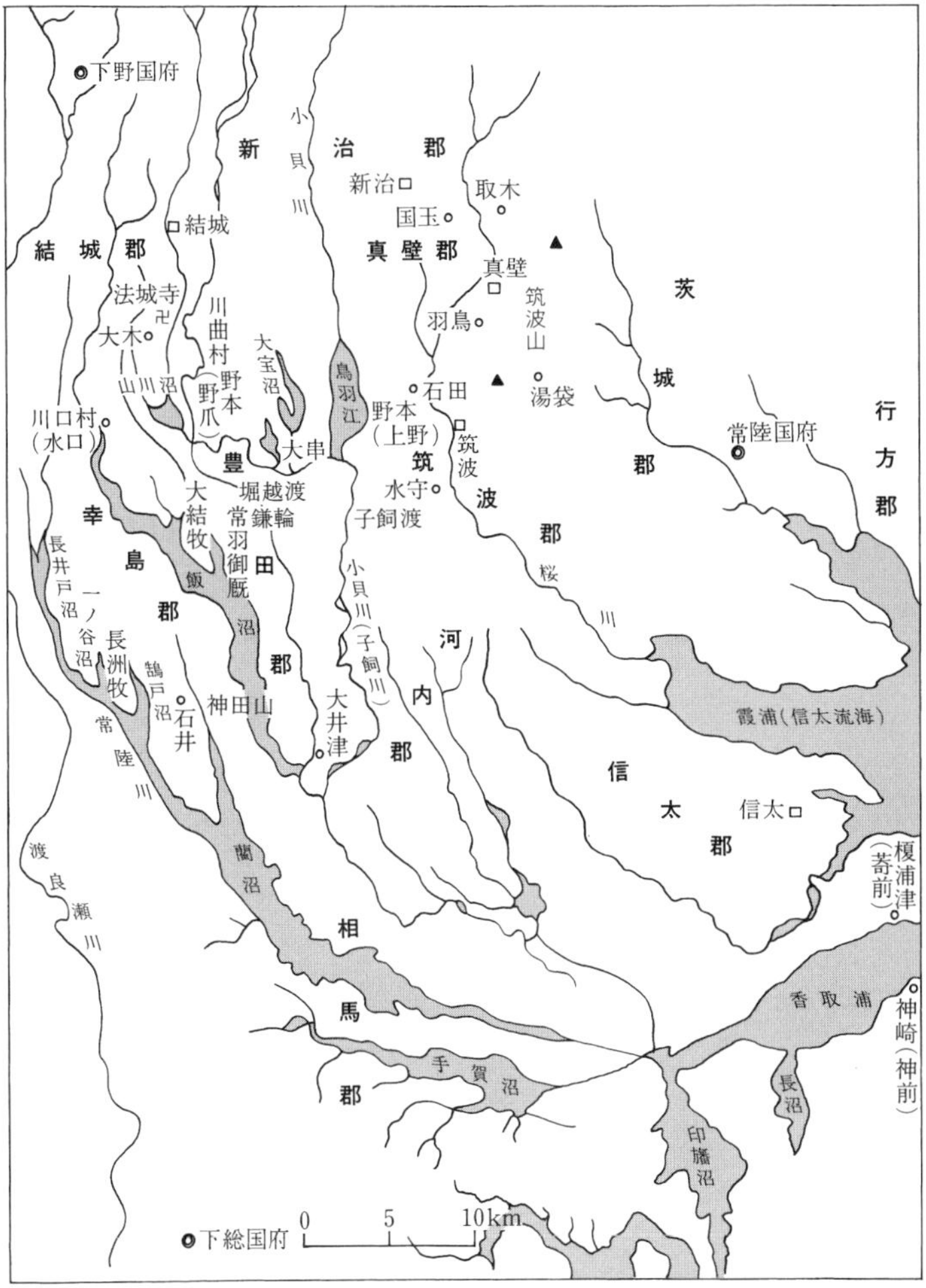

図7　平将門の乱の舞台（岩井市史編さん委員会『平将門資料集』による）

ところで、平将門が国家にたいする叛乱の姿勢を明確にする直前に群盗追捕《ついぶ》の官符を下され、押領使に任じられた相模権介橘最茂（是茂《これもち》）・武蔵権介小野諸興《もろおき》（武蔵国小野牧別当）・上野権介藤條朝臣（武蔵国秩父牧別当藤原惟條《これなが》カ）、そして将門が常陸国衙を襲撃した際、当国の介であった藤原維幾《これちか》、また都から派遣された将門征討軍の副将軍に任じられた相模介藤原国幹《くにもと》（陸奥守兼三子《かねみつ》、惟條の従兄弟）・上野介平清幹《きよもと》（安房国平群郡大領）らは、藤原秀郷や平貞盛同様、いずれも東国に軍事的基盤を有する者たちであった。

このうち藤原維幾は『尊卑分脈《そんぴぶんみゃく》』に、父清夏《きよなつ》が上総介、祖父高扶《たかすけ》が陸奥守とあることから、坂東・東国との深い結びつきが想像され、しかも、かれの従兄弟忠房《ただふさ》の子大蔵丞道行《みちゆき》が『政事要略《せいじようりゃく》』（二十三）に見える武蔵国立野牧別当藤原道行に比定できるとすれば、維幾が前武蔵守であったことも考え合わされて興味深い。

維幾の妻は平高望の娘で、所生の為憲《ためのり》は将門討滅の合戦で藤原秀郷・平貞盛とともに一方の指揮官となっており、この系統はその後も軍事に携わり、為憲の孫時信《ときのぶ》が駿河守に任じたことを契機に、駿河・遠江・伊豆方面に勢力を広げ、十二世紀に至って、その子孫は工藤・狩野・伊東氏等の有力武士団を構成することになる。

『将門記《しょうもんき》』にはさらに、常陸介維幾の命令をきかず、のちに将門の従兵となった藤原玄明、それに玄明の一族と推定される常陸掾藤原玄茂《はるもち》がみえる。玄茂も将門に従って、将門軍の副将軍になっており、軍事にすぐれた地方豪族であったことが知られる。

2　将門の乱以前の秀郷

将門の乱鎮定における藤原秀郷の功績が抜群のものであったことは、その恩賞として平貞盛が従五位上にとどまったのに比べて、その三階も上の従四位下に叙せられたことに明らかである。そればかりか、地方豪族が四位以上の位階を与えられることは当時においては、まったく破格のことだったのである。

前に見たように、秀郷の父祖が坂東において活動を始めたのは、桓武平氏より半世紀ほどさかのぼるものと思われるが、先にあげた『吾妻鏡《あずまかがみ》』の「嚢祖下野少掾豊沢、当国の押領使として、検断のごときの事、一向にこれを執り行なう」という一文が示すように、やはり検断＝軍事・警察をその職務としていたことは疑いない。政府とすれば、このような職務を遂行する上で、中央貴族と在地豪族の血を合わせもつ豊沢こそ最適任だったのであろう。豊沢の子の村雄も下野大掾としてこの職務を受け継いで国衙の軍事部門を担当し、鳥取氏と婚姻関係を結ぶことによって得た地盤を背景に、在地有力者として不動の地位を確立したものと推察される。さらに秀郷は、在庁化した有力土豪と思われる同国掾鹿島《かしま》の外孫として、いよいよ在地に根を降ろすにいたる。すなわち、秀郷流藤原氏は留住後三代にわたって在地の豪族と婚を通じており、将門の乱の時点で比較すると、留住の時期が遅く、それなりに貴種性を保ち、かつ軍事貴族同士で姻戚関係を結んでいた桓武平氏よりも、すでに在地性をかなり濃厚なものにしていたのであった。

秀郷の生年は不詳。『将門記』にかれの軍略を「古き計の厳しきところ」と評していることからすると、乱の当時、すでに壮・老年に達していたものとみられるから、九世紀の末頃の誕生と考えるのが妥当ではないかと思われる。ちなみに、将門の生年については、『応仁記《おうにんき》』（一巻本、古典文庫所収）に「将門平親王」は己酉の歳の生まれであると記されており（髙橋昌明氏の教示による）、これに従えば寛平元年（八八九）の生まれで、天慶三年（九四〇）に討たれた時には数え年で五十二歳であったことになる。

秀郷の史料上の初見は次の『日本紀略《きりやく》』延喜十六年（九一六）八月十二日条の記事である。

下野国言す。罪人藤原秀郷、同兼有《かねあり》、高郷《たかさと》、與貞《ともさだ》等十八人。重ねて国宰に仰せて、その罪科に随い、おのおの配流せしむるの由、重ねてこれを下知す。

ここに見える高郷は、『尊卑分脈』によると秀郷の弟にあたり、秀郷はこのころ、一族与党十八名を主体とした反国衙的武力集団を率いて、下野国に跳梁していたことが知られるのである。

秀郷の罪は具体的には不明だが、配流というのは相当に重い刑であり、しかも、それにもかかわらず、再度その実行を政府が国司に命じているということは、秀郷にたいして都から赴任してきた国司が簡単には手を出せない状況にあったことを示している。

このような秀郷の姿は、『将門記』に国衙から上下被官関係のない互通文書である移牒《いちょう》を受けるほどの立場にありながら、日頃往還の物を奪うといった群盗（群党）的行動をとっていたことの見える藤原玄明にオーバーラップする。

玄明は常陸掾藤原玄茂の一族と推定されるが、秀郷も国衙に基盤を置く存在でありながら反国衙的な存在という矛盾した立場にあったようだ。すなわち、豊沢以来、国衙を背景に群盗蜂起鎮圧にあった藤原氏ではあったが、その鎮圧なるものの実態は、国衙の統制から離れた富豪層が構成した群盗に正面きって敵対することではなく、むしろ、かれらと階層的に近い在地土豪と婚を通じたことにみられるように、かれらを自己の権力下に組織化し、その過程で自らもかれらと同質化していったのであろう。つまり、秀郷は父祖が在地土豪である姻族から受け継いだり、在庁官人としての公権をかざして獲得した地盤を背景に、一族を中核とした軍事集団を形成し、その権力機構の中に組み入れられた群党・富豪層の要求に、ある程度応じる形で、国衙に敵対する行動を起こしたと思われるのである。

延長七年（九二九）五月にも、下野国が政府に秀郷の濫行を言上することがあり、その糺明のために、同国のみならず近隣諸国から「人兵」を差し向けることを指示した官符五通を作成したことが

『扶桑略記《ふそうりやっき》』に見えている。近隣諸国からも兵士が動員されるという状態は、まさに争乱と呼ぶにふさわしく、ひょっとして何かのきっかけがあれば、秀郷と将門は歴史的評価の上でその立場を入れ替えていたかもしれない。

国衙の権力を背景に力を伸ばしながら、都下りの国司に反抗した秀郷の存在形態は、ちょうど江戸時代の、お上《かみ》から十手《じって》・捕り縄を預かり、二足《にそく》の草鞋《わらじ》を履いたヤクザの大親分と比較してみると分かりやすいのではないだろうか。

3　将門の乱と秀郷

秀郷らの延喜十六年の配流命令は実行された形跡がなく、延長七年の紛擾の後も、秀郷がその勢力を保ち得た事実の背景として、将門と藤原忠平の関係にみられるような、秀郷と中央権門との繋がりが予想される。将門が、六位程度の位階は帯びていたにしても、国衙から対等の互通文書を受けるという「地方軍事貴族」として存在し得たのは、ひとえに都の最有力権門たる忠平を私君と仰いでいたからであった。当時、父祖以来の国衙在庁としての地位を失い、将門同様に無官であった秀郷にも、同様の事情が想定されるのである。

天慶三年（九四〇）正月十一日、坂東八ヶ国を虜掠《りょりゃく》した将門に国家的な危機を感じた政府は、在地武力を将門追討に起用することを策し、「官軍の黠虜《かつりょ》」の中に憂国の士を求め、「田夫野叟《でんぷやそう》」の中に忘身の民を求め、官田功爵をもって殊功の輩を遇する旨の官符を諸国に下した（『本朝文粋《ほんちょうもんずい》』二、『扶桑略記』）。同十四日、さらに政府は東国の掾（国司の三等官）に将門の仇敵平良兼の子公雅《きんまさ》ら、在地における軍事的実力者八人を起用した（『貞信公記抄《ていしんこうきしょう》』）。かれらは同時に追捕凶賊使を兼ね、押領使とも呼ばれているが（『日本紀略』）、秀郷はこの八人のなかに含まれていたらしい。おそらく、将門の勢力が下野・上野に伸びて秀郷の勢力とぶつかり、互いに齟齬が生じた中で、秀郷は政府の懐柔に乗ったのであろう。

秀郷が平貞盛・藤原為憲と将門打倒の兵を起こしたのは、ちょうど農繁期にかかるころで、将門の配下の農民兵が帰村する時期を狙ったものであった。将門の軍勢が千人に満たなくなったという情報をえた秀郷らは、四千余人の兵を率いて合戦を挑んだ。これを知った将門は、二月一日下野に向かったが、みずからが敵軍と接触しないうちに副将軍藤原玄明、陣頭多治経明《たじひのつねあきら》・坂上遂高《さかのうえのかったかなりたか》らの後陣の軍が、老練な秀郷の計略にひっかかって四散してしまい、秀郷らの軍勢はなだれをうったように将門の根拠地を襲撃した。急遽兵を返した将門は名乗りをあげ、剣をふるって勇戦するが、日没に及んだので兵を引きあげた。

その後、秀郷・貞盛らは民衆に「甘き言葉」つまり、恩賞を約束するなどして兵士と武器を二倍に整えて再び出陣し、身を隠している将門を誘いだすために石井《いわい》の営所を焼き払った。二月十三日のこ

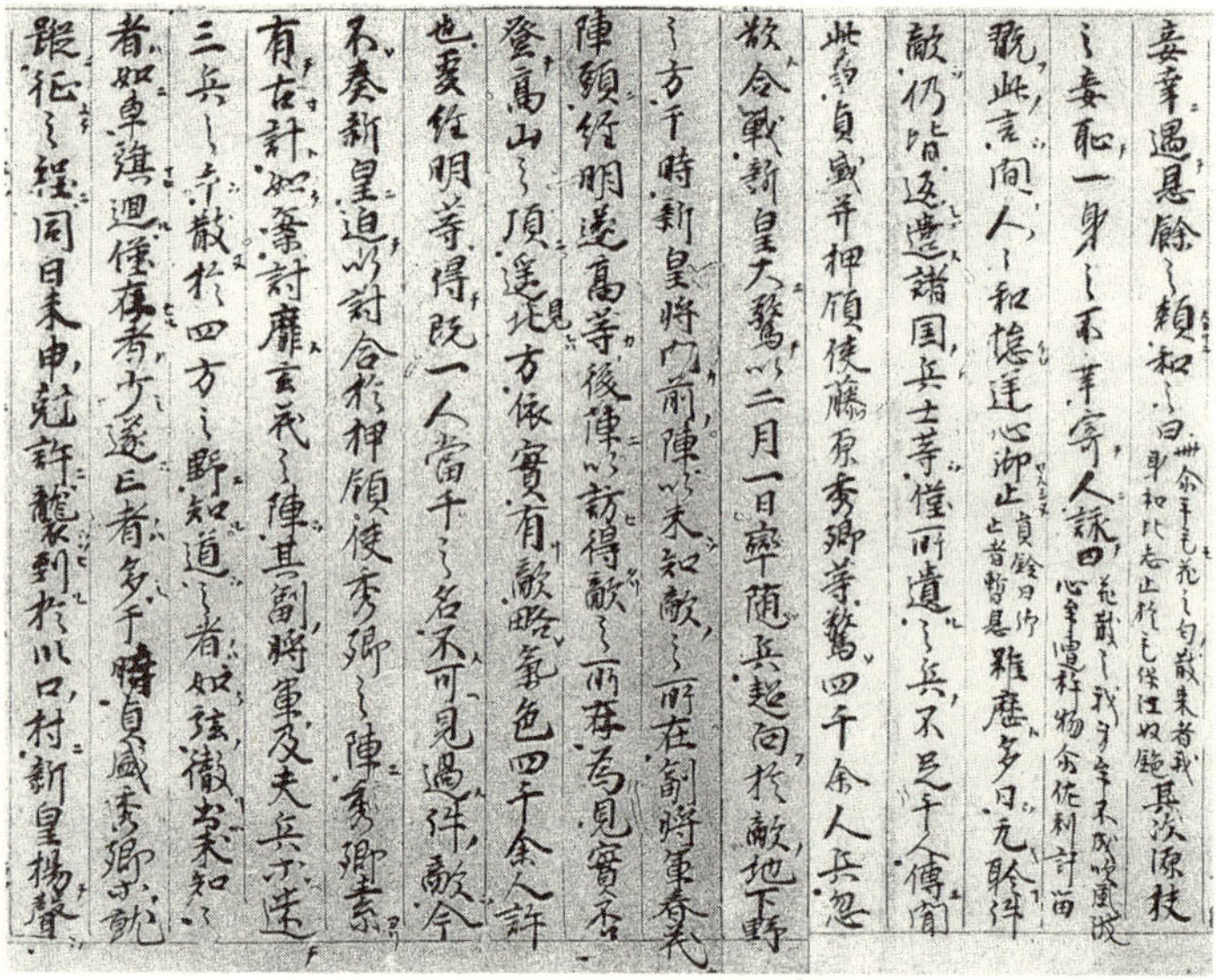

図8　真福寺本『将門記』（宝生院蔵）

（金戒光明寺蔵『俵藤太絵巻』）

とである。その翌朝、甲冑に身を固めた将門はふだんの兵力の二十分の一にすぎない四百余人を率いて猿嶋《さしま》郡の北山に陣を張った。

未申《ひつじさる》の剋（午後三時頃）、合戦の火蓋がきられた。おりしもこの日は季節風が吹き荒れており、最初、風上に立った将門の騎馬隊は秀郷らの伴類二千九百人を壊走させたが、順風を待った秀郷らは精兵三百余人をもって将門の本陣に突撃。貞盛の射た矢をうけて将門が落馬したところに秀郷が馳せ寄って首をあげた。『扶桑略記』によると、この戦闘で将門の伴類百九十七人が射殺され、平楯三百枚、弓・胡簶おのおの百九十九具、太刀五十一柄、さらに「謀叛書」が鹵獲《ろかく》されたという。

秀郷からの将門誅殺の報告は三月五日に都にもたらされ、四月二十五日に至って将門の首級を携えた秀郷の使者が京都に到着し、首は獄門にかけられている。

図9　将門の首を掲げて都大路を進む秀郷軍

ところで、秀郷が将門の行動をどのように評価したかは、かれが追討軍に参加したという結果論から導き出さざるをえない。しかし、後世の史料には一時秀郷が将門に与同の動きを示したことが語られている。鎌倉幕府の編纂した『吾妻鏡』治承四年（一一八〇）九月十九日条には、平家打倒に立ち上がった源頼朝に東国第一の豪族上総広常《かずさひろつね》が参向するに際し、もし頼朝が大将の器でなかったら、さっそく討ち取って平家に献じようと考えていたが、頼朝が思いの外の人物であったので、害心を変じて心服したという記事があり、それに続けて、

陸奥鎮守府前将軍従五位下平朝臣良将（良持）の男将門は、東国を虜領して叛逆を企つるの昔、藤原秀郷、偽りて門客に列すべきの由を称し、彼の陣に入るのところ、将門喜悦のあまり、梳るところの髪もゆわず、すなわち烏帽子に引き入れてこれに謁す。秀郷その軽骨を見て、誅罰すべきの趣を存じて退出し、本意のごとくその首を獲たりと云々。

という、秀郷が将門の人物を試した結果、追討に参加した故事を記している。この話は『平家物語』の最古態本とされる延慶本《えんぎょうぼん》第二末にも見え、十三世紀には広く流布していた説話のようである。もちろん、これらの話は事実とは言えないが、秀郷が前述のように将門と同類の存在であったことや「素より古き計あり」（『将門記』）と評されるような老練な人物であったことを考慮すると、ありそう

な話ではある。ちなみに、天慶二年（九三九）、将門は常陸国府を襲ったのに続いて、数千の兵を率いて下野の国府を制圧し、国の印と鎰を奪って、国守藤原弘雅を都に追い返している（『将門記』『扶桑略記』）。この時、秀郷が将門の行動にどのように対応したのか、明らかではないが、あるいは右の『吾妻鏡』の伝える話のようなことがあったのかも知れない。

さて、将門追討の後、政府は、「掾貞盛、頃年合戦を歴といえども、いまだ勝負を定めず。しかるを秀郷、合力して謀叛の首を斬り討つ。これ秀郷が古き計の厳しきところなり」（『将門記』）というように秀郷に高い評価を下し、秀郷は従四位下に叙せられ（それ以前すでに六位の位階を有していたことは『百錬抄《ひやくれんしよう》』元暦元年三月二十七日条に見える）、功田を賜わり、下野守に任じられることになった。

かくして、将門と本来同質の存在であった秀郷は、将門討伐の功によって旧来の存立基盤を国家から是認され、坂東北部における軍事的覇権を確立することになったのである。

三　秀郷流藤原氏の成立

1　将門の乱後の秀郷

藤原秀郷のようなアウトロー的な地方武力の体制内への取り込みは、現象的には平将門の乱という緊急の国家的危機を脱するためとはいえ、十世紀初頭の頃、律令制の再建を放棄した政府が、現実的な地方支配の方式として、一国の支配をその国の実情に応じる形で国司に請負わせるとともに、徴税単位を人から名《みょう》という複合経営単位としての土地に転換することを主軸とするシステム（王朝国家体制）への移行をはかっていた状況と連動するものであった。

将門の乱鎮圧の功によって、秀郷が従四位下に叙されてから後、下野と武蔵の守《かみ》に兼ね任ぜられたというように記す史料（『扶桑略記』天慶三年〔九四〇〕三月九日条）もあるが、『日本紀略』同年十一月十六日条には、この日の除目《じもく》で、軍功により従四位下藤原秀郷が下野守に任じられたとのみ見え、秀郷の武蔵守補任は下野守の任期の後のことである可能性が高い。

いずれにしても、秀郷は自らの勢力基盤とする地域の国守に補せられて、在地における勢力をさらに強大なものにしたことであろう。これにたいして、将門の乱鎮圧の一方の立役者であった平貞盛は、右馬助《うまのすけ》という京官に任じられた。翌天慶四年（九四一）の五月、西海で叛乱を起こしていた藤原純友が大宰府《だざいふ》を虜掠したという報が都に届くと、政府はその対策の一環として、右近馬場において「滝口中戸諸家ならびに貞盛朝臣兵士」の閲兵を行なっている。このようにいち早く平貞盛が「中央軍事貴族」としての活動を開始しているのにたいして、秀郷は将門の首を都にのぼらせるのも使者に委ねているほどで、都での活動の形跡は同時代の史料には見ることができない。

しかし、注目すべきは、関白藤原忠平《ただひら》の日記『貞信公記抄《ていしんこうきしょう》』天暦元年（九四七）閏七月二十四日条に、秀郷が、時に権中納言であった源高明《たかあきら》を通して、平将門の兄弟が謀叛を起こそうとしているという情報を朝廷に奏上している記事が見られることである。この記事は確実な史料における秀郷の最終所見であるが、前に指摘したように秀郷が中央の権門との関係をその存立基盤の一つとしていたとすれば、その権門こそ源高明であったと想定できる点において、この記事は重要であり、安和《あんな》の変における秀郷の子千晴《ちはる》の行動の背景もこれによって明確になるのである。

秀郷が中央で活動したことを示す史料は今のところ管見には入らないが、その反映と見られることとして、『尊卑分脈』などに、秀郷の子千常《ちつね》の母、すなわち秀郷の妻が侍従源通の娘と記されていることを指摘しておきたい（なお、『系図纂要《さんよう》』藤原氏十一には「侍従源通定女」とあり、続群書類従所収『結城《ゆうき》系図』では、千常の子文脩《ふみなが》の傍注に「母侍従源道女」とある）。源通（通定・道）が実在し、しかも侍従という天皇側近の官にあったとすれば、それは中央貴族に相違ないからである。しかし、この通なる人物は当時の貴族の日記などからは検出できない。侍従という官職は誤伝で、実は第一章で見た武蔵国で活動した一字名の源氏の子孫であるのかもしれない。そう考えると、千常がのちに武蔵介に任じていることと整合するからである。

秀郷のその後の動静は不明だが、後述するように鎮守府《ちんじゅふ》将軍に任じられた可能性は高い。卒去の時期については、確実な史料には見えないが、『系図纂要』に天徳二年（九五八）二月十七日と記されている。

2　安和の変と藤原千晴

史料の上で、ついに都に姿を見せなかった秀郷に代わって、中央の武力として秀郷の子千晴《ちはる》が登場するのは康保四年（九六七）のことである。千晴は、この年六月、村上天皇崩御の際、源満仲《みつなか》とともに固伊勢関使としてあらわれる。

固関使《こげんし》というのは、政変とか天皇の代替りのときに、伊勢の鈴鹿《すずか》、近江の逢坂《おうさか》、美濃の不破《ふわ》の三関を固める使のことで、千晴らは鈴鹿の関に派遣されることになったのである。

不審なのは、この時、千晴・満仲ともにこの役を辞退していること、にもかかわらず満仲だけが病を理由にそれを受理されていることである。この点について、平安時代研究の碩学として知られた土田直鎮《なおしげ》氏は、この一年半ほどのち、源満仲の密告によって勃発した安和の変にからんで千晴が失脚することの伏線と見ている（『王朝の貴族』）。

ちなみに、この源満仲は、平将門の乱当時武蔵介に任じたことのある源経基の子である。『将門記』における経基は、「いまだ兵の道に練れず」という軍事貴族としては不名誉な評価をされているが、藤原純友の乱で追捕使に起用された際には、純友の部将桑原生行《なりゆき》との合戦で勝利をおさめ、その身を生け捕りにするなど、ようやく武人としての面目をほどこしている。

平将門・藤原純友両乱の鎮定に活躍した軍事貴族が中央の武力として登用されたことは前述したが、この経基流の源氏（いわゆる清和源氏）は、貞盛流の平氏、そして秀郷の子孫である秀郷流藤原氏とならんで、以後その中心的な地位を占めることになる。のちに源氏が武家の棟梁の地位を確立することは周知に属するが、平将門・藤原純友両乱後に地位を高めた橘氏や大蔵氏なども含む多くの軍事貴族間のレースの中で、源氏が台頭しえたのは満仲の活躍に負うところが大きいのである。

安和二年（九六九）三月二十五日、前相模介藤原千晴とその息子久頼《ひさより》および随兵らは、安和の変にからんで検非違使源満季《みつすえ》（満仲の弟）によって検挙・禁獄され、その後千晴は遠流《おんる》の刑をこうむって隠岐国に流されてしまう。したがって、千晴は父秀郷同様に源高明に仕えていたものとみてよい。この時、政府はとくに下野国に官符を下して秀郷の子孫に教喩を加えるように命じている。おそらくは、

系図6　清和（陽成）源氏系図

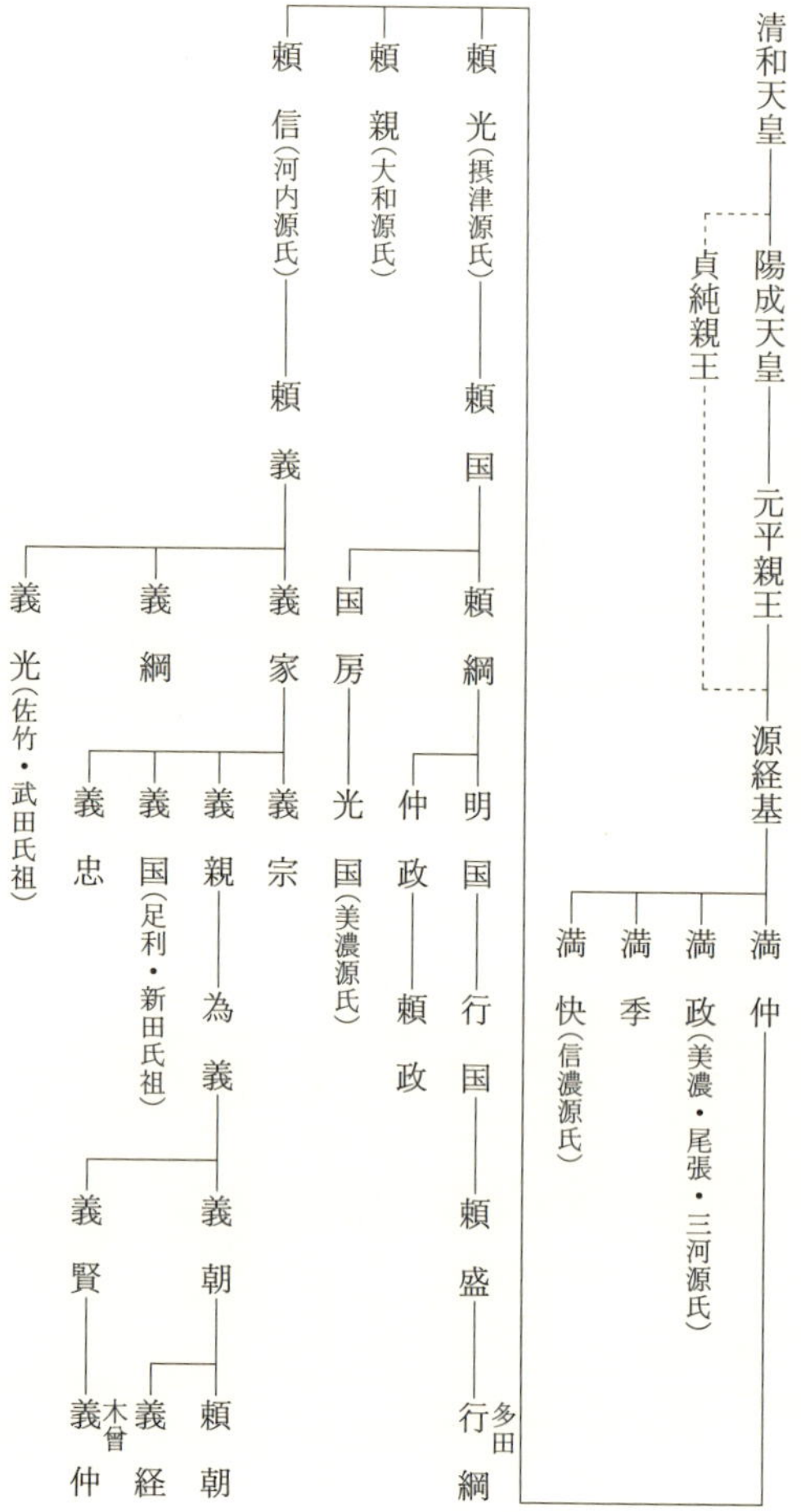

千晴に服属する勢力の挙兵を恐れたものであろう。

ところで、安和の変は左馬助源満仲・前武蔵介藤原善時《よしとき》の二人が中務少輔橘敏延《としのぶ》（繁延《しげのぶ》）・左兵衛大尉源連《つらぬ》らの謀叛を密告したのが発端となっているが、その黒幕は右大臣藤原師尹《もろまさ》《もろただ》とその甥にあたる伊尹《これまさ》《これただ》・兼家兄弟で、冷泉天皇の退位を期待する左大臣源高明とその与党を排除するために企てられた事件とされている。とすれば、おそらく満仲はかれらのうちの何れかの家人として、私君の意をうけて密告の挙に出たものと思われる。これは、以後源氏が代々摂関家に奉仕していることからも首肯されることであろう。また、高明と藤原千晴の失脚が連動するとすれば、満仲にとっても軍事貴族としてのライバルの排除という点で好都合であり、そこに満仲の主体的意志を認めることができよう。

また、もう一人の密告者藤原善時の存在も見過ごすことはできない。かれの系譜は不明だが、武蔵介の官歴から、武蔵国に権益を有する軍事貴族であった可能性が高い。後述するように、千晴はこの前年に坂東で前武蔵権介平義盛《よしもり》という者と紛争を起こしており、この頃千晴が武蔵地方に何らかの動きを企てていたことがうかがわれる。安和元年という時点で前武蔵権介である平義盛と前武蔵介である善時は、あるいは近い時期に武蔵国司として在任しており、武蔵守であった秀郷の勢力を継承した千晴と対抗関係にあったのではないだろうか。

さらに、それればかりか源満仲も武蔵と深い関係をもっていた。まず、かれの父経基が将門の乱中、当国の介に任じたことは前述のとおりであったし、満仲本人も『扶桑略記』応和元年（九六一）五月十日条に「武蔵権守」として見える。また、かれは『尊卑分脈』によると武蔵介・武蔵守を歴任しており、母は武蔵守藤原敦有《あつあり》（敏有《としあり》）の娘、また同母弟の満政《みつまさ》（満正）・満季も武蔵守に任じたとされている。とくに満政には「村岡大夫」と傍注されており、この村岡が同国大里郡村岡（埼玉県熊谷市）であろうことは、長徳三年（九九七）二月、かれが武蔵の治国の功によって従五位上に昇叙されている

系図7　十・十一世紀の秀郷流藤原氏系図

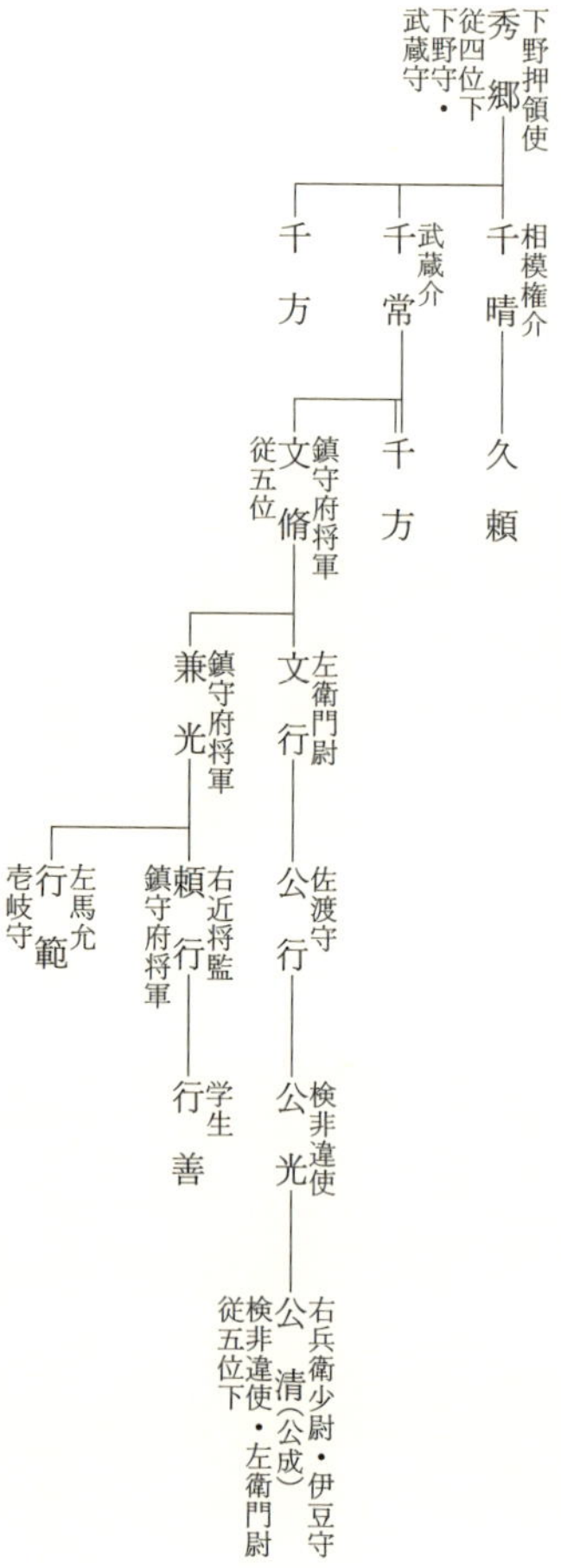

ことが傍証となり（『権記』同二十三日条）、いよいよ源氏と武蔵国との特別な関係は明らかなのである。当時の軍事貴族の国司補任状況をみると、自己の一族に有利な国を選択して、これに申し任じている事例が多くみとめられ、清和源氏一族の武蔵にたいする強い関心が看取される。武蔵国は名馬を産する多くの牧があり、また、東山道と東海道を結ぶ陸上交通と内海（東京湾）に接続する河川交通路が縦横に交錯する交通の要衝で、軍事貴族にとっては特別に魅力的な国であったものと思われる。

なお、清和源氏の武蔵進出の背景としては、第一章で見た一字名の源氏からの権益の継承の可能性を指摘することができる。すなわち、『尊卑分脈』に左大臣源光《ひかる》の孫で満仲の婿として所見する仁明

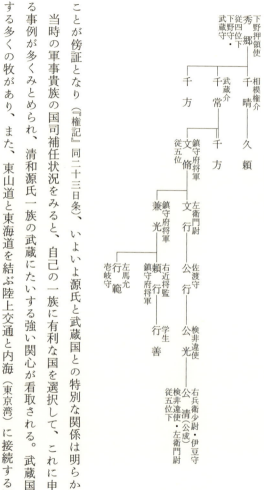

源氏の「敦《あつし》」が、「箕田ノ源二」と呼ばれた嵯峨源氏の「宛《あつる》」と同一人物とみなされるからである。また嵯峨源氏渡辺党のメンバーとみられ、後冷泉天皇の滝口《たきぐち》に祗候した「初《はじめ》」が満政の孫斉頼《ただより》の郎従であったことや（『百錬抄』天喜三年〔一〇五五〕三月十八日条）、嵯峨源氏の「俊《すぐる》」の娘が満仲の妻となって頼光《よりみつ》を生んでいることも傍証となるだろう（『尊卑分脈』）。

以上のことから、安和の変で藤原千晴が失脚した背景には、武蔵における軍事貴族間の軋轢があり、対千晴という点で利害を等しくする源満仲と藤原善時が結託して、千晴の失脚をはかったという仮説が導かれるのである。これは、あくまで状況証拠によるもので、憶測の域を出るものではないが、千晴流罪の際、政府が特に在地にある秀郷の子孫に教喩を加えさせた事情も理解しやすく、またこう考えると、中央軍事貴族としての源氏の基礎を築いた満仲が、中央と地方に共通する障害を一挙に排除したという点で、その並々ならぬ政治力をさらに評価することができるように思われるのである。

『源平盛衰記《げんぺいじょうすいき》』巻第十六には、満仲が当初千晴や橘敏延らとともに源高明の女婿の為平親王をかついで東国で挙兵する密議に参加していたにもかかわらず、敏延との相撲に負けて面目を失った報復として、寝返って密告の挙に出たという話が伝えられている。満仲の寝返りについては、『愚管抄《ぐかんしょう》』巻第四にも触れるところがあり、鎌倉時代前期には世上に流布していた説のようである。これはおそらく、有名な鹿ケ谷《ししがたに》事件の密告者が満仲の子孫である多田《ただ》行綱であったことから創作された話と思われるが、あるいは、満仲の策謀家としての一面を伝えているのかも知れない。

3　坂東における藤原千晴・千常

安和の変の前年にあたる安和元年（九六八）八月、政府は前相模権介藤原千晴および前武蔵権介平義盛の罪状の調査と尋問を行なわせ、九月に至って義盛の側に非があったという判断を下している（『日本紀略』）。事件の経過は不明だが、この両者が在地で勢力争いを演じたことは確かである。ついで、同じ年の十二月、信濃国が千晴の弟千常の乱を奏上しており、さらに約十年を経た天元二年（九七九）五月、今度は下野国が前武蔵介千常・源肥《ゆたか》らが合戦におよんだことを解文をもって言上している（同）。

この頃、坂東では豪族間の紛争が頻発していた。たとえば、寛和元年（九八五）には、平繁盛《しげもり》（貞盛の弟）がその従兄弟にあたる陸奥介平忠頼《ただより》・忠光《ただみつ》兄弟を訴え、忠頼らの追討を命じる官符が東海・東山両道に下されるという事件があったが、この対立は次の世代にまで引き継がれて、平忠常の乱として爆発することになる。

平将門の乱の原因の一つもそこに求められるのであるが、群党蜂起鎮圧を達成した地方軍事貴族が、今度は互いにその勢力圏を拡大するために相克するという状況が、継続・拡大していたのである。

千晴と争った平義盛は、当時、兄弟間で名の一字を共有することが一般であったことからすると、

系図8　桓武平氏系図

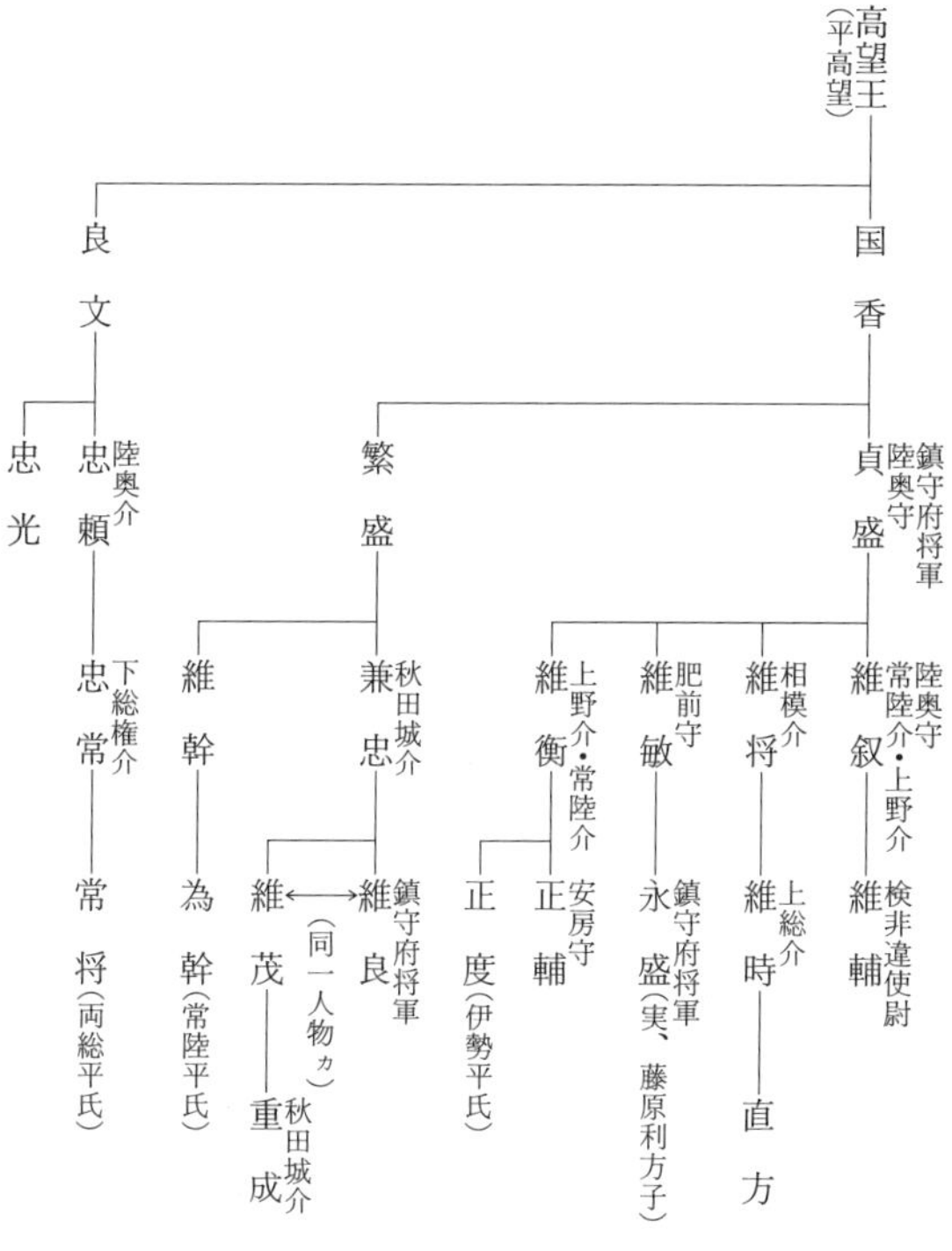

貞盛・繁盛の兄弟の可能性があり、その官歴から武蔵地方に勢力を有していたものと見られる。秀郷が武蔵守に任じたことは前述のとおりだが、千晴と武蔵の関係については、近世に成立した『江戸砂子《えどすなご》』という本に、神田社の社家伝説として、

将門の霊を祭る事は、人皇六十一代朱雀天皇天慶三庚子二月十四日、平貞盛か矢に中て、藤原秀郷これを討。其頃将門の弟御厨三郎平将頼、武蔵国多摩郡中野の原に出張し、秀郷の子藤原千

晴とたゝかひ、将頼利なくして、天慶三年七月七日、同国河越におゐて、千晴かために死。

という記事があり（三　湯嶋）、将門の乱鎮圧の過程で、千晴が武蔵における将門の勢力を実力で奪取したことが読み取れて興味深い。

ところで、天元二年の事件からも明らかなように、安和の変で千晴が流罪となった後、秀郷流藤原氏の族長権は弟の千常の手に移ったらしい。先にも触れたが、『尊卑分脈』などによると、千常の母は「侍従源通女」で、それを事実と仮定し、京官である「侍従」という官職に注目すると、かれは将門の乱後の所生である可能性が高いことになろう。しかし一方、将門を射て落馬させたのは実は千常で、かれがその勲功の賞として従五位下下野守に叙任された時、三十九歳であったという所伝もある（『和《わ》漢合《かんごう》図《ず》抜萃《ばっすい》』）。そうすると、源通は坂東に拠点をもった一字名の源氏の一人だったと見ることもできる。そして、さらに、想像をたくましくすると、源通は安和の変で源満仲に謀叛の張本として密告された左兵衛大尉源連の一族で、かれらが源高明との関係で政治的に一体の立場にあったという可能性もある。

安和元年（九六八）十二月の信濃国からの上奏は、千常が北坂東で千晴同様にほかの在地勢力と衝突を起こしたか、あるいは反国衙的な行動におよんだことによるのであろう。かれはまた、天元二年（九七九）には「前武蔵介」として登場し、源肥らと戦っているが、この肥が前に述べたように「箕田ノ源二」の一族の子孫であったとすれば、秀郷流藤原氏の武蔵進出はいよいよ顕著なものであったということができる。そして、千常の母がこの武蔵を地盤とする一字名の源氏の一族の可能性があることも前述のとおりである。

いずれにしても、千晴が相模権介、千常が武蔵介に任じたからには、かれらがその公権と強大な軍事力にものを言わせて、相模・武蔵に勢力を拡張しないはずはなく、これらの地域に培われた地盤の一部は、十二世紀に在地領主として成長するかれらの子孫にまで継承されたのであった。

四　鎮守府将軍と藤原秀郷

1　鎮守府将軍

藤原秀郷は、弓射騎兵の武芸故実の祖として「秀郷将軍」と呼ばれ、後世の武士たちから神のように崇められた。秀郷は将門の乱鎮定の後、下野・武蔵守に任じたことが明らかであるが、さらに、ある時期、鎮守府《ちんじゅふ》将軍にも任じたものとみられる。そして、この官職は十一世紀の前半まで、かれの子孫たちにほぼ世襲されており、秀郷および秀郷流藤原氏にとって「鎮守府将軍」の官は、清和源氏の征夷大将軍に拮抗する、その名誉の表徴であった。

そもそも、職制の故実からいえば、鎮守府は辺境の朝敵を鎮撫する常設の官であり、「将軍」とは本来、鎮守府将軍のことであった。北畠親房の『職原抄《しょくげんしょう》』には、「代々将軍と称するは、鎮守府の将也」とし、「征夷・征東等は臨時にこれを置く、其の府有るを聞かざる也」とみえている。

ところで、鎮守府とは古代蝦夷《えみし》経営のために陸奥国に置かれた軍政府で、奈良時代は国府と同居して多賀城にあったが、征夷戦に勝利して北上川中流域を律令国家の支配領域に組み入れることに成功

図10　古代末期の奥羽地方（高橋富雄『奥州藤原氏四代』などによる）

した坂上田村麻呂が、延暦二十一年（八〇二）、胆沢《いざわ》城を築き、ここに移してから、独立の官庁としての機能が整えられた。

それまで、鎮守府の将軍は、陸奥国司との兼任を原則とするものであったが、これ以降は国司とは別個に任命されるようになる。その呼称が「鎮守将軍」から「鎮守府将軍」にかわるのも、そのような変化を前提にしていると考えられている。鎮守府は、機構的にも国府にたいする独立性をつよめ、十～十一世紀の鎮守府将軍は、「奥六郡《おく》」と呼ばれる一定地域の徴税権を国家から委任され、軍兵や兵糧の徴発、さらには軍事指揮権も陸奥国府から独立した権限を持つに至っていた。なお、隣国の出羽においては、出羽秋田城介《じょうのすけ》が同様に「山北三郡《せんぼく》」を管轄領域として、出羽守から自立した受領官的な存在になっていた（熊谷公男「「受領官」鎮守府将軍の成立」）。

さて、宝亀五年（七七四）の勅によれば、鎮守将軍の任とするところは「野心を悛《あらた》めず、しばしば辺境を侵し、王命を拒」む「蝦狄《かてき》」を討滅するところにあったが、そのための兵站基地の機能を担ったのが坂東諸国である。たとえば、神亀元年（七二四）には坂東諸国から綵帛《あやぎぬ》二百疋、絁《あしぎぬ》一千疋、綿六千屯、布一万端が陸奥鎮所に運送されており、胆沢城が築かれた際には「駿河、甲斐、相模、武蔵、上総、下総、常陸、信濃、上野、下野等浪人四千人」がここに配置されている。したがって、中央集権的な律令制支配が弛緩して地方支配が国司請負の状況となる十世紀段階になると、鎮守府将軍には坂東で活躍した軍事貴族が続々と任用されるようになる。つまり、鎮守府将軍に任命されることは当時坂東で頻発していた群党蜂起鎮圧を達成したことの表徴としての意味を持つことになったのである。

一方、熊谷公男氏によると、鎮守府は陸奥国の主要な貢進物のうち馬・金などの大半を調達しており、それに関連して北奥の蝦夷との交易に独自の権限を有していたという（前掲論文）。馬はもとより、蝦夷との交易品には鷲羽・海豹皮《あざらし》など武器・武具の材料となるものが多かった。当時、その調達のために軍事貴族は競って奥羽への進出を図っていたから、その意味からも鎮守府将軍の地位は軍事貴族たちの競望の的だったのである。

2　利仁将軍の群党討伐譚

十世紀代における、このような軍事貴族出身の鎮守府将軍としては、『今昔物語集』の芋粥《いもがゆ》の説話で有名な藤原利仁《としひと》や、平将門の父良持などをあげることができる。

利仁は、『尊卑分脈』によると、秀郷と同じく魚名《うおな》流藤原氏の出で、父は民部卿時長《ときなが》である。時長については、仁和元年（八八五）に肥後守になったが赴任しないので、位階を下げられたことが知られる（『三代実録』同年五月十八日条など）。

都の「一《いち》の人《ひと》」（関白藤原基経）のもとに出仕していた利仁が、越前国敦賀《つるが》の豪族有仁《ありひと》の婿で、在地に大きな勢力をもっていたことは、『今昔物語集』（巻二十六の十七）の芋粥の説話で有名であるが、『尊卑分脈』に、かれの祖父高房《たかふさ》が越前守の官歴をもつことと、母が越前国の住人秦豊国《はたのとよくに》の娘であったことが記されており、国衙の権力を背景にした現地勢力との二代にわたる婚姻関係が越前留住の前提であったことが想定される。

かれの閲歴について、『尊卑分脈』には、武蔵守、従四位下、左（近衛）将監、延喜十一年（九一一）

系図9　利仁流藤原氏系図

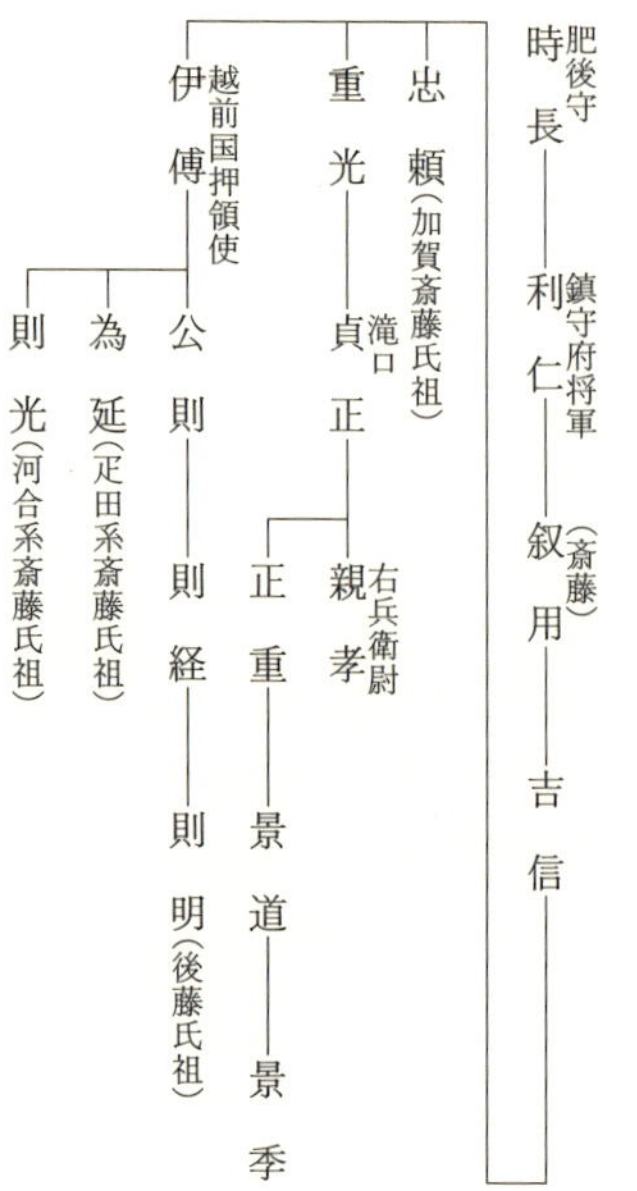

任上野介、同十六年（異本では十二年）上総介に遷任（介は国司の二等官であるが、上野・常陸・上総は親王任国であるため、介が実質的な長官）、同十五年に鎮守府将軍となったとあるが、いずれも確実な史料からは確認できない。唯一、鎮守府将軍について『侍中群要《じちゅうぐんよう》』九に、延喜十四年に藤原「利平」がこれに任じて赴任した記事が見え、「利仁」の誤記と見なされてきたが、『尊卑分脈』の北家内麻呂《うちまろ》流に「藤原利平《としひら》」があって、時代的にも整合することから、利仁の鎮守府将軍補任を疑問視する見解が提出されており、また延喜十一年の任上野介についても、別の確実な史料から否定せざるを得ず、伝えられている利仁の官歴は不確実な点が多い（熊谷公男「「受領官」鎮守府将軍の成立」）。

ただし、『今昔物語集』や『尊卑分脈』の史料としての性格から考えても、利仁そのものの存在まで否定することはできないだろう。また、近年、地方に下向して活躍した軍事貴族の武芸や武装のルーツが宮廷の近衛の武官に求められることを高橋昌明氏らが指摘しているが（「武士を見なおす」・「武士

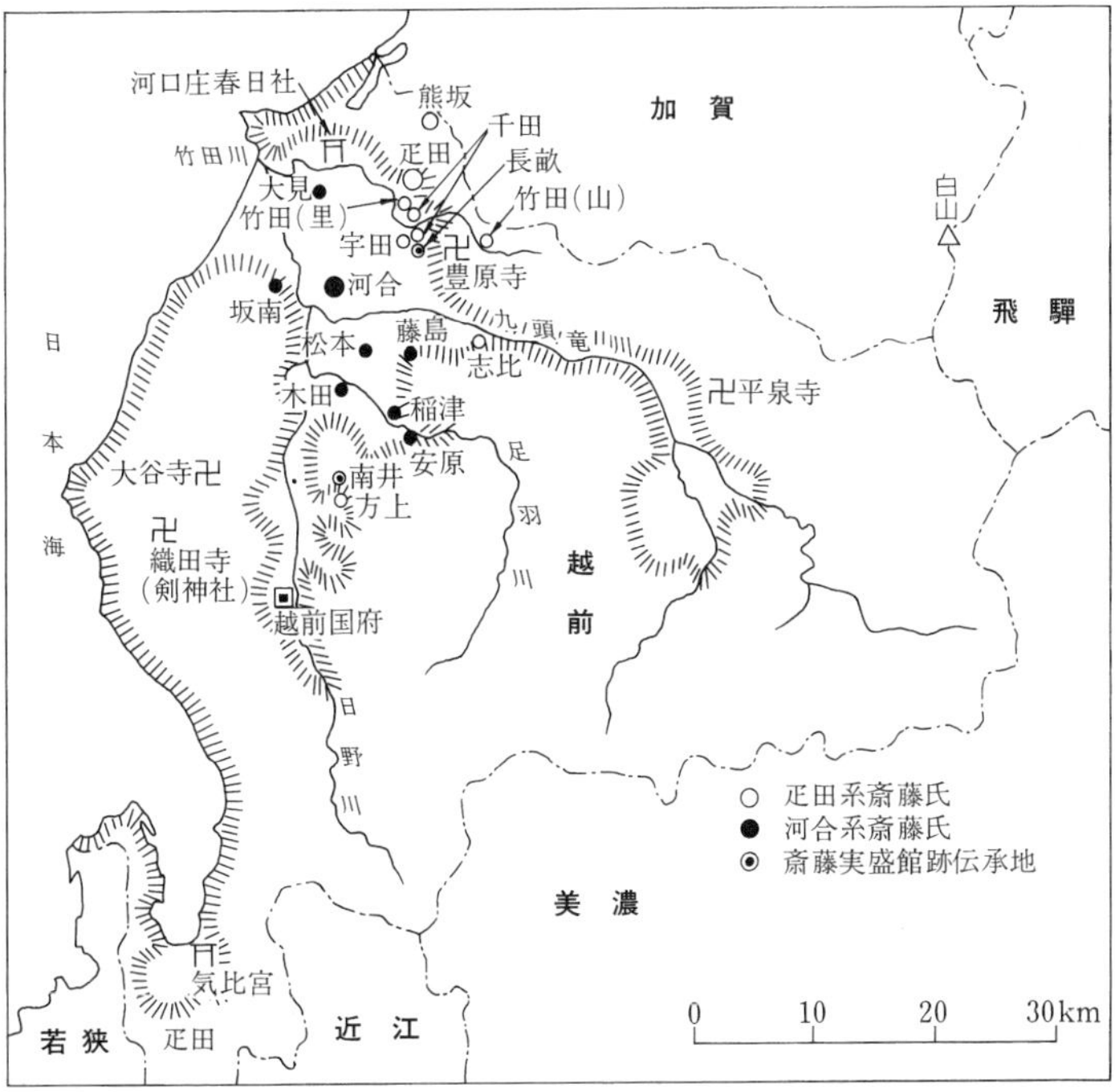

図11　越前斎藤氏の展開（浅香年木『治承・寿永の内乱論序説』による）

と王権」)、利仁について『尊卑分脈』が近衛将監の官歴を伝えることは、この見解に整合するものである。

その実像はうかがい知れない部分が多いが、利仁が平安末期にはすでに英雄的な武士として著名であったことは『二中歴《にちゅうれき》』(第十三)の一能歴の武者の項に「将軍利仁」として登場することからも明らかである。利仁は北陸の斎藤・富樫・井口などの武士団の共通の祖として『源平盛衰記』巻三十に、「されば三箇国(越前・加賀・越中)の者共、内戚・外戚に付て、親類一門ならざる者なし」と記されており、『吾妻鏡』（文治五年〔一一八九〕九月二十八日条）にも坂上田村麻呂とともに、天皇の命令を受けて賊主悪路王を討つための征夷戦にのぞんだ武人として見え、鎌倉武士の間でも、秀郷と同様にかれら「武士」の始祖として英雄視されていたことが知られるのである。なお、室町時代になると利仁は田村麻呂と混同されるようになり、舞の本の『未来記』には「坂上の利仁」と表記されている。

さて、利仁による征夷戦争の具体的なストーリーは『鞍《くら》馬《ま》蓋《がい》寺《じ》縁《えん》起《ぎ》』にみえる。この縁起そのものは室町末期に成立したものであるが、このような説話化された利仁の群党討伐譚は、早ければ十世紀中葉には民衆に流布していたという。以下に、大意を示そう。

　下野国高座山のほとりに、群盗が蟻のように集まり、千人が党を結んで、関東より都に運上される調庸雑物を奪った。国家にとって損害が大きいので、朝廷で評議が行なわれ、天下の一致した意見として、たちまちのうちに利仁が追討の将軍に選ばれて、異類を誅罰すべき由の宣旨が下された。利仁は勝利の困難を思って、毘沙門天王の加護を祈るために鞍馬山に参籠し、示現を得て勇躍進発する。高座山の麓に到着したのは六月十五日のことであったが、利仁は、思うところがあって急いで橇（カンジキ）をつくらせ、夜更けに腹心の武士に雪が降っているかと尋ねた。利仁の策略を知らない郎従が晴天と答えると、利仁は大いに怒って、かれを斬り殺してしまう。しばらくして他の勇士に同じことを問うと、かれは恐れて降雪と偽って答えたので満足する。はたして夜半におよんで雪が降って高く積もり、多くの谷や岩を埋めた。朝になって雪が止むと、利仁は用意のカンジキを兵にはかせ、四方から飢えと寒さに歩くこともできない賊徒を攻め、勝ちに乗じて逃げる者を逐い、朝廷に万にものぼる馘を献上した。これによって利仁の武名は天下に振るい、武略は海外に轟いた。

蟻のごとく「党」を結んだ「群盗」はすなわち「異類」であり、「夷」そのものであったわけだが、かれらのたて籠もった高座山については、栃木県黒磯市高林の小丸山、塩谷郡の高原山、河内郡上河内村の高倉山にあてる説がある。そして、上河内村には利仁を祭神とする関白《かんぱく》神社があり、毎年八月七日の祭礼で奉納される一人立三匹の関白流獅子舞は高座山に籠もった千人の鬼を退治する姿といい、栃木県の民俗無形文化財に指定されている（毎日新聞宇都宮支局編『下野の武将たち』）。

3　利仁と秀郷

藤原利仁については、『今昔物語集』（巻十四）に芋粥の話のほかに今一つ、征新羅《せいしらぎ》将軍の説話がみえることには特に注目しておく必要がある。その概要は「文徳天皇の時代、朝命に従わない新羅を征伐することになり、その将軍に利仁が起用される。これを知った新羅は、唐の法全阿闍梨《あじゃり》を招いて調伏を行なう。そのために利仁は出征の途上、山城と摂津の境の山崎で頓死する」というものである。この説話成立の背景としては、利仁の本拠が朝鮮半島と関係の深い日本海交通の要地・越前敦賀にあったことともに、蝦夷と新羅を「王化にまつろわざるもの」=「異類」として同一視した当時の人々の意識の存在が指摘されている。群党の多くを構成したのは俘囚（王化にそまった蝦夷）であったから、その蜂起を鎮圧するのも「征夷」にほかならない。蜂起した俘囚・群党は「まつろわぬ」新羅や蝦夷と同じ存在なのであった。中世成立期に東国に配置された軍事貴族の使命はここに明白であろう。

藤原利仁の存在形態について検討を加えた髙橋昌明氏は、鎮守府将軍の地位に就くことは、東国における群党蜂起鎮圧を表象することに等しく、その時期に東国で最も軍事的に有力な軍事貴族が登用されたものとみてよいということを指摘している（「将門の乱の評価をめぐって」）。そう考えると、平将門の乱後の東国で、最も有力な軍事貴族の一つであり、陸奥に接する下野国を本拠とする秀郷流藤原氏こそ、鎮守府将軍を家職とするにふさわしい存在なのであった。ちなみに、『尊卑分脈』は、文行《ふみゆき》に「母　利仁女」の傍注を付している。文行は十一世紀初めの頃に活動した人物で、利仁の孫とするには時代的に整合しないが、この記事を、秀郷流が利仁の地位の継承者とみられたことの反映としてとらえることは可能であろう。

このことについては、利仁の群盗討伐譚の舞台が、秀郷の本拠となる下野国であることや、利仁の子の有象《ありかた》が下野守・鎮守府将軍に任じ「中将軍」と号したと『尊卑分脈』に見えることも傍証となると思うが、興味深いのは説話に描かれた両者の共通性である。

保立道久《ほたてみちひさ》氏は、藤原利仁の富裕の背景に日本海交易があったことを指摘し、その前提として日本海域における海民の活発な活動の事実を『今昔物語集』の説話群から解明している（『物語の中世』）。その説話の一つに加賀国の七人の漁民が蛇体をした「猫島」の神に招き寄せられてこの島に漂着し、百足の姿をした敵の神と戦ってこれを打ち負かし、七人は猫島に移住することになったという話がある（巻二十六の九）。これは、中世後期成立の御伽草子《おとぎぞうし》『俵藤太《たわらのとうだ》物語』で、秀郷が龍神の依頼で近江の三《み》上山《かみやま》に巣くう大百足を退治した話とそのモチーフに共通するものがある。

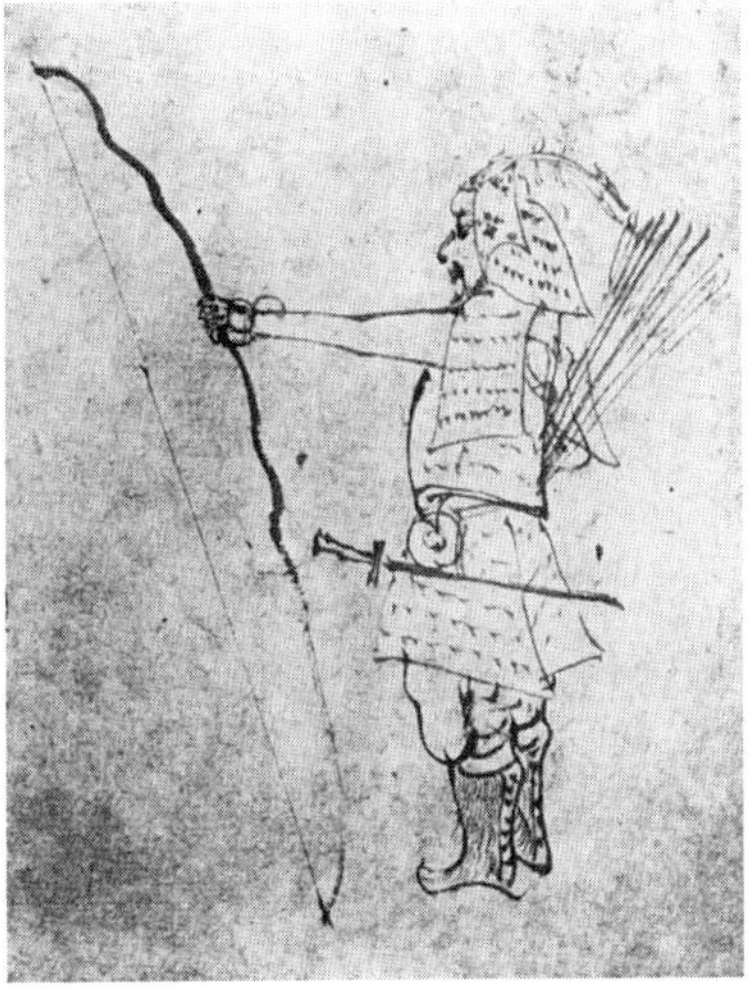

図12　武将像（高山寺蔵『将軍塚絵巻』）
絵巻は鎌倉時代に作られたものだが，平安期の武士の姿をしのばせる．ただし，秀郷の時代の武装については不明なところが多い．

また、保立氏は、利仁の事跡が『鞍馬蓋寺縁起』に特筆大書されている点から見て、草創期の鞍馬寺にとって利仁が毘沙門天を体現する重要な旦那であったことを推測しているが（同）、『宇治拾遺物語』（巻十五の七）には、その毘沙門天が越前国に住む男に「米二斗わたすべし」という「下文《くだしぶみ》」を授け、男はそれによって鬼から「使っても滅らない宝の米」を与えられたという話が見える。これは、秀郷が龍神から大百足を退治した返礼として「取れども尽きぬ米俵」を与えられたという『俵藤太物語』の話とオーバーラップするのである。

軍事貴族としての存在形態の上からも、説話における役回りからも藤原利仁こそ秀郷の原型といえるのである。

なお、説話化された利仁・秀郷には、武威にもとづく呪的なパワーがみとめられるが、秀郷の子千《ち》方《かた》もそのような存在として、『太平記』巻十六に、こちらは朝敵として説話化されている。

天智天皇の時代に藤原千方という者があった。金鬼・風鬼・水鬼・隠形鬼という四鬼を使って伊賀・伊勢両国をおさえて、朝廷の命令に従わない。そこで、紀朝雄《きのともお》という者が宣旨を蒙って追討に下り、鬼に「草モ木モ我ガ大君ノ国ナレバイヅクカ鬼ノ棲ナルベキ」という歌を送った。すると鬼は「悪逆の無道の臣にしたがって、善政有徳の君に背いては天罰を免れない」といって忽ち四散してしまったので、千方は勢いを失って朝雄に討ち取られてしまった。

というストーリーである。紀朝雄は架空の人物であり、時代設定など杜撰《ずさん》であるが、ここに秀郷の子が鬼を駆使する呪力をもった朝敵として名をみせることには注目しておくべきであろう。

4　鎮守府将軍家秀郷流藤原氏の成立

平将門の乱を在地の武力によって鎮圧した朝廷は、これを藤原純友《すみとも》追討にも投入しようとしたことを嚆矢《こうし》として、地方軍事貴族を中央の武力として編成する方針を示す。かくして秀郷・平貞盛らは都に進出した。かれらおよびその子孫たちは、地方に経済的な基盤を置きながら都を政治的な活動の舞台とし、時に受領や鎮守府・秋田城・大宰府《だざいふ》などの軍政官に補任されて辺境の治安維持に当たったのである。こうした存在を中央軍事貴族と称する。

平貞盛およびその子孫が奥羽から鎮西《ちんぜい》にいたる地域の受領《ずりょう》や軍政官に補任されているのにたいして、秀郷およびその子孫たちは坂東諸国の任用国司や鎮守府将軍をつとめることが多かった。これは、おそらく秀郷と貞盛の中央におけるキャリアの差によるものもあったであろうが、もっとも大きな理由は、秀郷流藤原氏が下野を中心とする北坂東において圧倒的な勢力を有していたことにあったものと思われる。

藤原秀郷が鎮守府将軍に任じたことについては、近世に成立した『結城《ゆうき》系図』(『続群書類従』所収)などに「天慶三年四月二十五日任」とあるばかりで、確実な史料には所見がない。しかし、将門の乱鎮圧のもう一人の功労者で、常陸を本拠とする平貞盛が天暦元年(九四七)二月に、この官に任じていたことが明らかであり、前述のように平安末〜鎌倉時代の諸書に「秀郷将軍」などと記されている例がみられることから、その補任の可能性は否定できない。また、『結城系図』などの記す「天慶三年四月二十五日任」の日付に注目すると、この月の十二日、都に常陸国からの飛駅が参上して、故平将門の弟将種《まさたね》とかれを婿とする陸奥権介伴有梁《とものありはり》が謀反を起こしたことを伝えており（『師守記《もろもりき》』貞和三年〔一三四七〕十二月十七日条、『貞信公記抄《ていしんこうきしょう》』）、これにたいする臨時的な措置として秀郷を鎮守府将軍に補任して追討に当たらせたことも考えられる（髙橋昌明氏の教示）。

秀郷の子の千晴・千常の活動は前章で詳述した。その鎮守府将軍補任は、安和《あんな》の変《へん》による失脚で千晴は対象外になるが、千常については『結城系図』などに天禄元年（九七〇）正月十五日（ないし五日）と見え、また、その舎弟で千常の養子になったという千方についても、諸系図に、天元元年（九七八）あるいは同二年の正月二十九日（ないしは二十五日）任とあるが、いずれも裏付けとなる確実な史料を欠いている。

一等史料によって鎮守府将軍への補任が明らかにできるのは、千常の子の文脩《ふみなが》からである。右大臣となり、小野宮第を居所としたことから小野宮右府と呼ばれた藤原実資の日記『小右記《しょうゆうき》』の永延二年（九八八）十月三日条に、

今日、直物《なおしもの》、また小除目《こじもく》あり、（中略）鎮守府将軍藤文條選《せん》か。くだんの文條は摂政の御賀料、皇太后宮に任料を納めらると云々。

と見えるのがそれである。直物というのは、除目の結果を書いた召名《めしな》という文書の形式的な誤りを正す行事で、この時同時に小除目という臨時の除目が行なわれた。この日、文條（脩）は、その小除目で鎮守府将軍に任じられたのである。なお、『結城系図』は永延三年正月の任としているが、これは任終の年から逆算して春の除目にあてたためであろう。ところで、補任の理由は、摂政藤原兼家《かねいえ》が六十歳になった賀料（祝賀費用）として兼家の娘である皇太后宮詮子《あきこ》に任料を納めたためで、いわゆる成功であったが、「選か」とあるのは注目される。

「選」というのは『令義解《りょうのぎげ》』によれば、人格・能力・業績を認められた上で一定の官職に任用することで、文脩は中央に出仕して、それなりの実績をあげていたことになる。

安和の変によって、中央における勢力の後退を余儀なくされた秀郷流藤原氏ではあったが、完全に足場を失ってしまったわけではない。たとえば、『御堂関白記《みどうかんぱくき》』寛弘三年（一〇〇六）六月十六日条に、左衛門尉藤原文行《ふみゆき》と帯刀正輔《たちはきまさすけ》の闘諍事件が記されているが、『尊卑分脈』によると、この文行は文脩の子息であり、左衛門尉の傍注にも一致するのである。

とすれば、千常を左衛門尉、文脩を内舎人《うどねり》、兼光を左馬允とする『尊卑分脈』の傍注も信頼するに足るものと思われ、内舎人の経歴をもつ文脩が、その実力を認められて「選」の対象にされたことが推察されるのである。なお、かれの鎮守府将軍補任を記した太政官符（十月十五日付）は『類聚符宣《るいじゅうふせん》抄《しょう》』（第八　任符）に収められている。

文脩の子兼光《かねみつ》については、『御堂関白記』寛弘五年正月四日条に「前将軍兼光、馬五疋を献ず」、同長和元年（一〇一二）閏十月二十一日条に「将軍兼光朝臣馬二疋、鷲羽《わしのはね》等を献ず」とあり、寛弘五年以前（『御堂関白記』寛弘元年十月二十一日条に「前将軍、馬三疋を献ず」とみえ、この「前将軍」を兼光に比定すると同元年以前）と長和元年頃の二度、鎮守府将軍に任じたことが明らかである。そして、文脩が兼家還暦の賀料をもって成功を果たし、闘諍事件をおこした文行が道長を頼っていることや、兼光の献馬・貢物から、この時期の秀郷流藤原氏が摂関家を本主と仰いでいたことが知られるのである。

ちなみに、兼光の後任となった平維良《これよし》は、上総介兼忠《かねただ》（貞盛の甥）の子で、長保五年（一〇〇三）のはじめ頃、下総国の府館を焼き、官物を掠奪したかどで、押領使藤原惟風《これかぜ》の追捕をうけて越後国に逃走した前科者であった。『小右記』長和三年（一〇一四）二月七日条によると、この日、陸奥国から上洛したかれは道長の邸第におもむき、馬二十疋をはじめ胡簶《やなぐい》・鷲羽・砂金・絹・綿・布などの豪華な貢物を行ない、門前にはこれを見物する人々が市をなしたという。そしてこの貢物の目的は将軍重任の任符を得ることにあった。

奥羽地方は乗用の駿馬や矢羽になる鷲羽の産地であり、古くから製鉄も行なわれていた。軍事貴族（武門）にとっては、この上ない魅力的な土地だったのである。かれらは、坂東における地盤を背景に奥羽に進出し、夷狄征伐を理由に軍事行動を行なって、奥羽の富を略取し、その一部を権門勢家に献

表2　秀郷流藤原氏の鎮守府将軍補任

確実な史料から在任が明らかなもの		『結城系図』など諸系図の補任時期	
延喜14年(914)　(見)	藤原利平(仁カ)(侍中群要)		
		天慶3年(940)4月	藤原秀郷
天暦元年(947)　2月(見)	平　貞盛(日本紀略)		
天徳3年(959)　9月(見)	(姓不明)仲舒(清慎公集)		
康保2年(965)　5月(見)	源　信孝(朝野群載)		
		天禄元年(970)正月	藤原千常
		天元元年(978)正月 天元2年(979)正月	藤原千方
永延2年(988)　10月(任)	**藤原文脩**(小右記)	永延3年(989)正月	藤原文脩
		長徳4年(998)正月	藤原兼光
寛弘元年(1004)10月以前	**藤原兼光**(御堂関白記)		
長和元年(1012)閏10月(見)	**藤原兼光**(御堂関白記)		
長和3年(1014)2月(見)	平　維良(小右記)		
寛仁3年(1019)6月(見)	平　永盛(小右記)		
万寿2年(1025)11月(見)	**藤原頼行**(小右記)	治安2年(1022)正月	藤原頼行
天喜元年(1053)　(任)	源　頼義(続本朝文粋)		

上することによって公的地位の獲得につとめたのであった。

ところで、『今昔物語集』(第二十五の五)に秀郷の孫沢胯《さわまた》四郎諸任《もろとう》が平貞盛の養子維茂《これもち》と陸奥国で互いに威を争い、常陸・下野などにも通っていたことが見える。諸任の名は秀郷流の系図に所見しないが、維茂については維良と同一人物である可能性が高い(拙著『中世東国武士団の研究』)。鎮守府将軍の官獲得は軍事貴族たちにとって競望の対象であり、現地における実力と中央権門への奉仕がその成否を決したのである。

さて、維良の次の鎮守府将軍には、将門の乱の時の征東副将軍平清幹《きよもと》の孫で秋田城介《じょうのすけ》利方《としかた》の子の永盛《ながもり》が任じられた。そして、その次に所見するのが、秀郷流藤原氏、兼光の子の頼行《よりゆき》である。『小右記』万寿元年(一〇二四)三月二十八日・同四年十一月二十九日条などによると、かれはおそらくその郎等とみられる上道久頼《かむつみちのひさより》を鎮守府の軍監にするために、右大臣藤原実資《さねすけ》に馬を貢納したことが知られる。

以上、秀郷から頼行まで、秀郷流藤原氏が鎮守府将軍をほぼ世襲したことを述べた。こうしてみると、将軍補任に関する諸系図の記載は確実な史料の所見と矛盾するところが少なく、記録類で確認が得られない者についても、将軍補任の可能性は高いのではないだろうか。

五　「都の武者」秀郷流藤原氏

1　文脩の追討、文行の闘諍

安和の変で千晴が失脚したものの、秀郷流藤原氏は中央軍事貴族としての地位を失うことはなかった。これをよく示すのが『二中歴《にちゅうれき》』（第十三　一能歴）の中の「武者」の項である。

〇武者　田村綿麿　苅田貞兼　六監利仁　平貞盛藤秀郷　貞時吉文　中橘維時（衡）　致頼維時　維叙
満仲　満正頼光　頼親保昌　頼信維持　忠依忠光　公正公連　文脩千常　致経頼義　義家
説云、大納言大将田村麿　中納言大将綿麿　苅田丸三位　中藤監貞兼　六藤監　将軍利仁　平貞
盛字平太　藤原秀郷　膽沢平二貞時　村岡五郎吉文　小矢中橘太　常陸守維衡　平五大夫致頼
維時貞方父　維叙貞叙父　多田新発満仲　満正頼光頼親　大和守藤保昌　頼信　余五将軍維持　陸
奥介忠依　駿河介忠光忠依弟　武蔵守公正致頼父　公連公正弟　文脩将軍　源藤介千常文脩父　致経
右衛門尉致頼子　頼国　伊予入道頼義頼信子　八幡太郎義家頼義子

表3 『二中歴』(第十三 一能歴) に見える「武者」たち

	「説云」の表記	氏・名(生没年)	世系・その他
田 村	大納言大将田村麿	坂上田村麻呂(758—811)	坂上氏，苅田麻呂の子
綿 麿	中納言大将綿麿	文屋綿麻呂(765—823)	三諸朝臣大原の子
苅 田	苅田丸三位	坂上苅田麻呂(728—786)	坂上忌寸犬養の子
貞 兼	中藤監貞兼	藤原貞兼(?)	大宰府監か
六 監	六藤監	藤原 ?	大宰府監か
利 仁	将軍利仁	藤原利仁(?)	
平貞盛	平貞盛字平太	平 貞盛(?—989?)	相武平氏，国香の子
藤秀郷	藤原秀郷	藤原秀郷(?—958?)	秀郷流，村雄の子
貞 時	膽沢平二貞時	平 貞時(?)	
吉 文	村岡五郎吉文	平 良文(?)	桓武平氏，高望の子
中 橘	小矢中橘太	橘 ?	
維 時	常陸守維衡	平 維衡(?)	桓武平氏，貞盛の子
致 頼	平五大夫致頼	平 致頼(?—1011)	桓武平氏，公雅の子
維 時	維時貞方父	平 維時(?)	桓武平氏，貞盛の子
維 叙	維叙貞叙父	平 維叙(?)	桓武平氏，貞盛の子
満 仲	多田新発満仲	源 満仲(912—997)	摂津源氏，経基の子
満 正	満 正	源 満正(?)	摂津源氏，経基の子
頼 光	頼 光	源 頼光(948—1021)	摂津源氏，満仲の子
頼 親	頼 親	源 頼親(?)	大和源氏，満仲の子
保 昌	大和守保昌	藤原保昌(958—1036)	黒麻呂流，致忠の子
頼 信	頼 信	源 頼信(968—1048)	河内源氏，満仲の子
維 持	余五将軍維持	平 維茂(?)	桓武平氏，貞盛の子
忠 依	陸奥介忠依	平 忠頼(?)	桓武平氏，良文の子
忠 光	駿河介忠光忠依弟	平 忠光(?)	桓武平氏，良文の子
公 正	武蔵守公正致頼父	平 公雅(?)	桓武平氏，良兼の子
公 連	公連公正弟	平 公連(?)	桓武平氏，貞兼の子
文 脩	文脩将軍	藤原文脩(?)	秀郷流，千常の子
千 常	源藤介千常文脩父	藤原千常(?)	秀郷流，秀郷の子
致 経	致経右衛門尉致頼子	平 致経(?)	桓武平氏，致頼の子
	頼 国	源 頼国(?—1058)	摂津源氏，頼光の子
頼 義	伊予入道頼義頼信子	源 頼義(988—1074)	河内源氏，頼信の子
義 家	八幡太郎義家頼義子	源 義家(1039—1106)	河内源氏，頼義の子

『二中歴』は鎌倉末期の編になるが、平安時代の『掌中歴《しょうちゅうれき》』と『懐中歴《かいちゅうれき》』をもとにするものである。「一能歴」とは、各分野ですぐれた技能・才能を示した著名人を列挙した部分で、「武者」の項は、平安時代中期頃までの、都人に知られた高名な武者を網羅したものといえる。ここに、清和源氏・桓武平氏などの武者とならんで、秀郷・千常・文脩の秀郷流藤原氏三代があげられている。しかも、このうち文脩は、この「一能歴」の「勢人」の項にも「平少弐（致行ヵ）」とともに「文脩将軍」としてあげられており、その実力がしのばれるのである。

この文脩については、十四世紀半ばに成立した播磨国の地誌である『峯相記《ぶしょうき》』に左のような記事が見える。

又天徳年中（九五七〜六一）揖保郡ニ勇健ノ武士一人侍リキ。弓箭ヲ先トシ、土龍ニ乗テ強力熾盛ニシテ甲冑ヲ帯シ、大洪水ニモ揖保川ヲ馳渡リ、東西ノ山頂ヨリ須臾ニ往来ス。多ク勇士ヲ相語ヒ、賊徒ヲ召従テ郡内国中彼威ニ憚テ恐レ随ハザル輩ナシ。剰ヘ西国運上ノ年貢上載官物ヲ押止ス。旅人モ通ゼズ、商買モ道絶エヌ。越部ノ西ノ上嶮巇ノ峯ニ城ヲ構ヘ隠謀ノ企聞ユル間。内山太（大）夫、栗栖武者所、大市大領大夫、白国武者所、矢田部石見郡司等ヲ国ノ案内者ニテ。藤将軍文修（脩）ヲ差下テ終ニ誅罰シ畢。其ヨリ彼山ヲ城山ト名ク。仍テ文修将軍当国ノ押領使ヲ給云々。

この事件について確実な史料は何も語らず、年代に疑問もある。しかし、都の武者として内舎人《うどねり》の経歴を有した文脩が、鎮守府将軍補任以前に播磨国の賊徒平定に起用され、同国の押領使に任じたということは、事実と見て不自然ではないであろう。

文脩の子の文行も都の武者として立身をはかっていた。『御堂関白記』寛弘三年（一〇〇六）六月十六日条には、その日常の一齣を伝える記事がある。そのあらましは、

この日、検非違使別当藤原斉信《ただのぶ》の召しによって法住寺に参仕した左衛門尉文行は、そこで帯刀《たちはきの》舎人《とねり》の正輔《まさすけ》（伊勢平氏の祖維衡の子平正輔に比定される）と口論をはじめ、ついには腕づくの喧嘩になってしまった。この不始末をとがめられて捕縛されそうになった文行は、寺を逃げだし、それを騎馬武者が二十人ばかりで追い掛けた。文行はかれらが検非違使であるために抵抗せずに逃げるつもりであったが、とうとう堪えきれずに矢を射返してしまった。そこで、文行は道長のもとにおもむいてとりなしを頼んだ。しかし、検非違使にたいして武力を振るったことは重罪であるので、文行は検非違使に引き渡されることになった。その際、別当斉信は文行を縄で縛って徒歩で連行するように命じたのだが、道長は衣冠をつけて馬に乗っていくように命じ、文行は検非違使庁の政所に入れられた。

というものである。結局、文行は、道長の庇護の力が及んだらしく、釐務《りむ》は停められたものの、身柄の拘禁は解かれている（『御堂関白記』『日本紀略』）。

ところで、鎌倉時代に成立した『続古事談《ぞくこじだん》』巻五には右の闘諍事件の際、文行が正輔にたいして一太刀も浴びせることが出来なかったことを見ていたというだけで、忠実な郎等を殺してしまったという残酷なエピソードが載せられている。同じ軍事貴族である平氏への対抗意識、武門としての強烈な名誉意識がそこに看取できよう。

ちなみに、文行に対する道長の保護は歴然たるものがあるが、文行の子孫（佐藤氏）はいつの頃か摂関家領紀伊国田中（田仲）庄（和歌山県打田町の南半部）の預所職《あずかりどころしき》を獲得し、これを経済的基盤として世襲しながら、都の武者として長く活躍をみせることになる。

2　粗暴な武者、勤勉な官人

文行の甥にあたる頼行についても、都での活躍を史料の上から確認できる。『御堂関白記』寛弘四年（一〇〇七）閏五月十七日条に、藤原道長が修験道の聖地金峰山《きんぷせん》に詣でるための長斎（長期間の精進・潔斎）を行なったとき、道長にしたがって精進所に籠もった人々の中に頼行の名が見える。これらの中には道長の娘上東門院彰子に侍長《じちょう》として仕える源正《ただし》もおり、頼行は正とともに武者として道長の護衛にあたったものであろう。

つぎに『小右記』長和二年（一〇一三）正月二十日条には、

昨日未刻ばかり、将監藤原頼行、粟田口《あわたぐち》（京都市左京区・東山区）において、敵のために射殺さる。

とある。頼行が近衛府の将監に任じたことは『結城系図』からも確認できるが、射殺は誤報で、同書の翌年の十二月二十五日条には、

右近将監藤原頼行、三位中将（藤原能信《よしのぶ》）の従者を射殺すと云々。あるいは云わく、件の頼行、近江国に於いて強奸を欲することあり。よって三位中将に愁う。前若狭守道成《みちなり》、かの中将の雑人らを差し、頼行を召さしむ。すなわち、山科にて相逢いて口論の間、たがいに以て合戦し、射殺するところと云々。使（検非違使）の官人らを遣わし、追捕せらると云々。行成《ゆきなり》卿云わく、近江国司申し止め了んぬ者。

とあり、頼行が健在で、しかも、近江国で悪事をはたらこうとして道長の子の能信に召喚され、そのために山科《やましな》（京都市山科区）までやって来た能信の従者を射殺して検非違使の追捕をうける、という粗

暴な武者ぶりをあらわにしているのである。近江国司が頼行の追捕の中止を申請したというのは、これ以上紛争が拡大して国内が疲弊することを恐れたためであろう。ちなみに、頼行が近江で事を起こそうとしていたこと、召喚に向かった能信の雑人が頼行と山科で出会ったことを考えあわせると、当時頼行は近江国に居住していた可能性が高い。このことは、秀郷の伝説が近江を舞台に設定されることの背景として重要であろう。

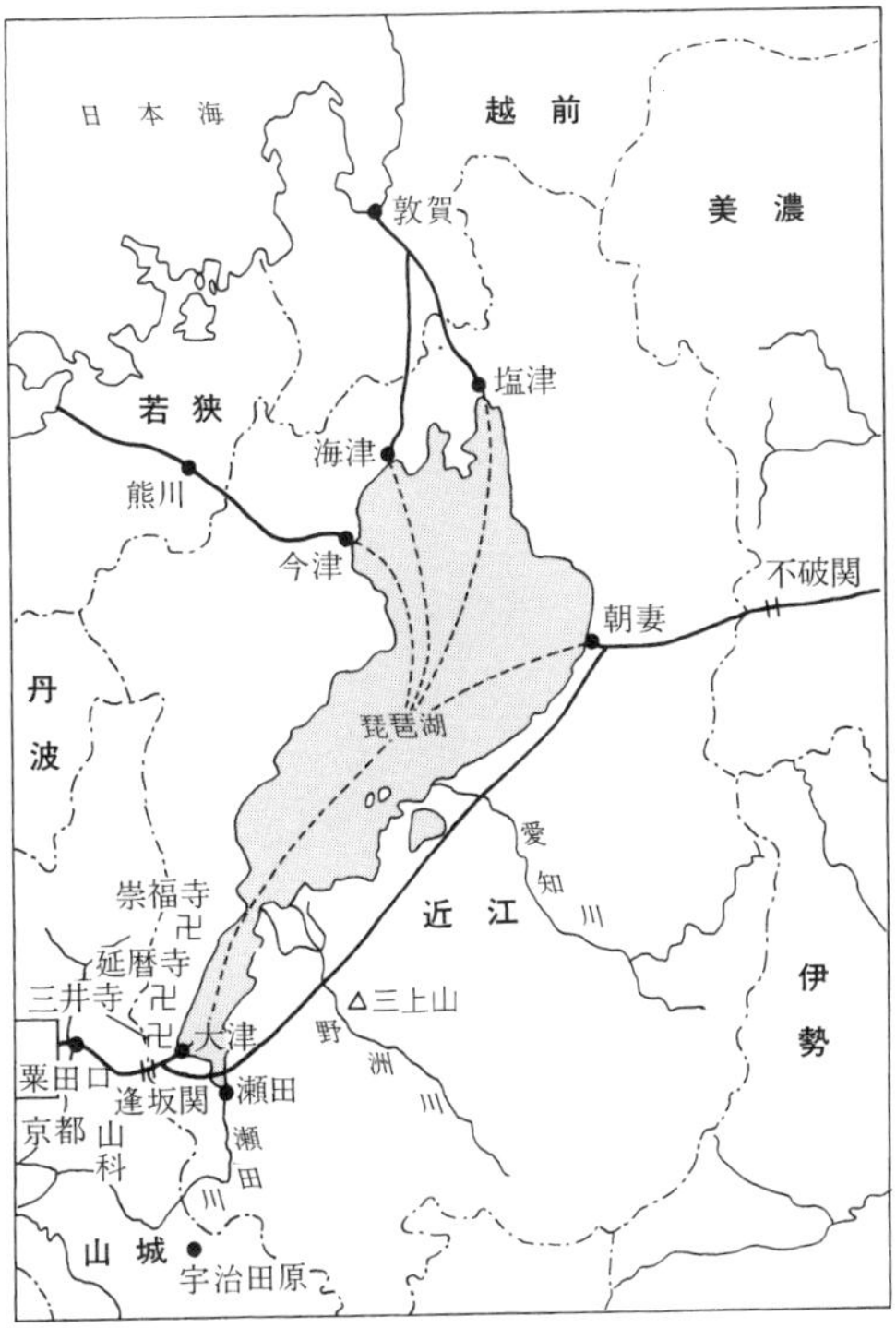

図13　琵琶湖周辺の交通路（瀧浪貞子『日本の歴史5　平安建都』などによる）

さて、将監として頼行が最後に所見するのは、『小右記』長和四年十一月十四日条である。

　去夜、将監頼行参来《もうきた》りて云う。慮外の事によりて遠国に罷り向かうに府の告によりて罷り上る。明日、吉田祭使の事を勤仕すべし。事の案内、官人に召し仰すべし者。よりて早朝、将曹正方《まさかた》を召し遣わし、事の由を仰せおわんぬ。今日吉田祭。

ここに遠国というのは、秀郷流藤原氏の本貫地である下野国であろうか。『今昔物語集』（巻第二十五の十）には、源頼光《よりみつ》の郎等《ろうどう》平貞道《さだみち》（坂東平氏、良文の子）が、「要事」があって東国に下ったことが記されているが、頼行の場合も同様に考えることができる。軍事貴族の地方と京都との間の往復は、優秀な馬や武器・武具の調達、また武力となる郎等を確保するために、頻繁なものがあったのである。それにしても、この場合、「慮外の事」というからには急を要する重要な用件であったに違いない。にもかかわらず、近衛府から吉田祭使を勤仕せよという命令がもたらされると、急いで上洛してくるという行動様式は前に見た粗暴な武者ぶりと対照的な感がある。ちなみに、頼行が『小右記』の記主である藤原実資のもとに参来しているのは、実資がこのとき右近衛大将であったからである。

このような官人としての精励が実を結んで、頼行が鎮守府将軍に補任されたのは、治安二年（一〇二二）の春の除目のことであったらしい。その後、前に述べたように、頼行は藤原実資《さねすけ》に任料を貢納することによって、かれの郎等とみられる上道久頼を軍監に据えている。なお、このことは、頼行が長保三年（一〇〇一）以来右近衛大将の地位にあった実資と官制的な上下関係をこえて私的な関係を強めていたことを示唆してくれる。

『尊卑分脈』や『続群書類従』所収の『佐野松田系図』『下河辺《しもこうべ》系図』などによると、頼行には正《まさ》頼《より》・行範《ゆきのり》（行則）・兼助《かねすけ》らの兄弟があった。このうち確実な史料に名をあらわすのは正頼と行範である。正頼の名は、永承二年（一〇四七）二月二十一日付「藤氏長者宣《とうしちようじやせん》」（『造興福寺記』同日条所収）における、氏長者頼通に把握されていた藤原氏一門の四位・五位の交名《きようみよう》（リスト）の中に所見する。交名の後半部に名をみせることから、当時、かれは地方に居住していたらしい（この交名の構成については、佐藤圭「永承二（一〇四七）年における五位以上の藤原氏の構成」を参照）。

次に、行範（行則）は、参議左大弁になった源経頼《つねより》の日記『左経記《さけいき》』治安二年十月二十日条に、

陸奥国御馬交易使左馬允藤原行則、交易の御馬廿疋を進む。

とあるのがその初見で、かれが馬寮の官人として陸奥国から良馬を手に入れてくる交易使の役に任じたことがわかる。この年の春に頼行が鎮守府将軍に任じたことは前に見たとおりであり、陸奥国にも勢力を広げていた秀郷流藤原氏の族人である行則は、まさに適任者といえよう。

万寿元年（一〇二四）十月十七日、行範は壱岐守に任じられた。『小右記』によると、行範の申文《もうしぶみ》は道長のもとから送られてきており、行範が道長に奉仕する立場にあったことがうかがえる。ちなみに、申文とは任官の申請書のことで、行範がみずからこれを望んだことが知られる。当時、肥前や壱岐・対馬の守や大宰府の官人には、外寇に備えて名立たる軍事貴族が配置されることが多かった。もちろ

ん、貿易による利得も計算に入っていたのではあろうが、行範が小国にもかかわらず壱岐守への任命を望んだのは、それを武士の名誉と考えたからであろう。その後のかれの史料所見としては、長元八年（一〇三五）、女性に関係した事件で左衛門府の弓場《ゆば》に拘禁されるという不祥事を起こしたこと（『日本紀略』七月十八日条）、永承二年（一〇四七）二月二十一日付「藤氏長者宣」に在京の藤原氏一門として、その名が見えることをあげることができる。

『尊卑分脈』には、この行範の子として行善《ゆきよし》が見える。一方、参議兼春宮大夫《とうぐうのだいぶ》藤原資房《すけふさ》（実資の養子資平《すけひら》の子）の日記『春記《しゅんき》』の長久二年（一〇四一）三月十三日条には「前将軍頼行の子行善」とあって、これは『尊卑分脈』の誤謬か養子関係によるものであろう。ところで、『春記』によると、この行善は「学生《がくしょう》」であって、その三月十三日条から二十五日条にかけて、行善の奉った試《し》（文章生《もんじょうしょう》を採用するための式部省試であろう）及第のための申文《もうしぶみ》が極めて異例な内容であったために生じた問題についての記事が、かなりの部分にわたって記されている。そして、注目されるのは、この申文が内大臣藤原教通《のりみち》から奏上されていることで、これは例のごとく、行善が教通を本主と仰いでいたからであろう。教通は道長の子で、このとき関白であった頼通の弟である。

ちなみに、この十年ほど前に房総半島で大反乱を起こした平忠常《ただつね》（良文の孫）も教通の家人であった。

『小右記』長元三年（一〇三〇）六月二十三日条に、政府が乱の収拾に苦慮しているなか、兼光に忠常の在所を申させたらどうかという意見が後一条天皇から下されたという記事が見える。また、『小記目録《しょうきもくろく》』長元四年六月十三日条には、忠常降伏の後、忠常に同意しているという風聞のあった兼光が出家をとげたことが記されている。この兼光とは、秀郷流の前鎮守府将軍兼光のことであるらしい。別に詳述したところであるが（拙著『坂東武士団の成立と発展』）、実は、忠常の乱は、坂東平氏の貞盛流と良文流の世代をこえた抗争を背景にした私戦的側面の強い戦乱であった。すなわち、追討使平直方《なおかた》（貞盛の孫）は貞盛流、反乱者忠常は良文流を代表して戦ったのである。一方、秀郷流藤原氏は、陸奥における沢胯諸任と平維茂の合戦や、洛東法住寺《ほうじゆうじ》における文行と平正輔の闘乱事件に見られるように、貞盛流平氏とライバル関係にあった。

兼光が忠常に同意しているという風聞が立ったのは、こうした事情に加えて、道長の死後、行善と同様に兼光をはじめとするその一族が教通に仕えていたことによるのではないだろうか。

なお、行善は軍事貴族の家に生まれながら学生として式部省試に挑んでいた。軍事貴族の子弟が学問の世界にも進出していたことは、第一章の5にあげた『宇津保《うつぼ》物語』の一節からもうかがわれることであったが、これは、「当時の軍事貴族が官職と関係なく軍事的な目的で動員されることはごくまれで、原則的に武士としての性格を公的に顕現させることはな」く、「軍事貴族が一般貴族と決定的に区分されていなかった」という元木泰雄氏の指摘に対応する（『武士の成立』）。

長徳三年（九九七）、大宰府《だざいふ》は異国襲来に備えるため、対馬国に大監平中方（貞盛流）を差し遣わすことを政府に申請しているが、その解文《げぶみ》に「中方、身は文章生為り。また弓馬を習うと云々」と見える（『小右記』六月十三日条）。ここで注目されるのは、中方起用の理由の第一に、かれが文章生の出身であることを述べている点である。対外防衛には武力以前に交渉能力が必要である。そのための語学力や高度な知識・教養が、当時の鎮西《ちんぜい》防衛に当たった軍事貴族には期待されていたのではないだろうか。軍事貴族と学芸は対立する概念ではないのである。秀郷流で壱岐守に任じた行範も、子息（甥）行善と同様の経歴を有していたものとみてよいであろう。

以上、頼行・行範・行善の所見について検討してきたが、この秀郷流藤原氏のうちの兼光の系統は、行善を最後に中央軍事貴族の地位を捨てて、北坂東《ばんどう》の在地武士団として新たな展開を見せることになる。その本質的な理由は、寛徳二年（一〇四五）十月二十一日の荘園整理令（寛徳荘園整理令）に示された地方行政制度と徴税体系の改革によって、かれらが北坂東の根拠地に土着し、在地領主化する道を選択したことでろう。また、これは平忠常の乱の史料に所見する兼光が秀郷流であると仮定した場合の話であるが、兼光流が反乱者側に立ったものと見做され、それが中央での発展を阻害する要件になったという事情も想定されるのである。

3　北面の家、佐藤氏

鎮守府将軍を世襲した秀郷流藤原氏の本流ともいうべき兼光の子孫の系統が坂東に帰住したのにたいして、文行の子孫の系統は、摂関家の家人として「都の武者《むしゃ》」の立場を維持し続けた。『尊卑分脈』には、文行の子として公行《きんゆき》（上総介）・公光《きんみつ》（従五下相模守）・脩行《ながゆき》（近江掾）・行禅《ぎょうぜん》（権律師）の四名があげられており、このうち公光については「実父公行」とある。公行の上総介について確実な史料で裏付けは得られないが、『小右記』万寿四年（一〇二七）二月二十七日条に、

> 昨、左中弁経頼、崇福寺に参りて帰り来るの間、会坂関山に於いて群盗出来して射て危ぶむ。前佐渡守公行朝臣、矢にあたる。命を害するに及ぶべからずと云々。

とあって、佐渡守の官歴が知られる。当時、佐渡国は疫鬼を放逐する北方の堺とされており（『延喜《えんぎ》式《しき》』）、武の呪力を帯する存在と考えられていた軍事貴族が国守をつとめるにふさわしい国といえる。それにしても、近江からの帰途（崇福寺《すうふくじ》は近江国滋賀郡に所在した）、矢を射られるというのは、先にみた頼行の場合とよく似た事件で尋常ではない。当時は武者およびその郎等などによる闘乱・傷害・暗殺、そして世代をこえた報復といった血なまぐさい事件が頻発していた。したがって、この群盗襲撃も偶然ではなく、公行ないしは一族の「敵」による可能性が大きい。

ちなみに、公行の「不善の輩」を組織する武者としての性格は、以下の『小右記』長元元年（一〇

二八）九月八日条の記事からも明らかである。

去春、高田牧の雑物運上す。河尻に於いて前備後守義通《よしみち》の郎等・従類、牧司藤原為時《ためとき》を刃傷し、随身の種々の物を奪い取り、牧の下人一人を射殺す。張本の四人、跡を晦まして逃げて隠る。其の一人藤原高年《たかとし》、字小藤太、近江国甲可（賀）郡に住み、時々京の辺に来たりて犯を成す。最上の馬を盗むと云々。頼経に仰せて尋ね伺わしむ。頼経同郷に住む者也。去夕申して云わく、件の男今日三条の宅に見入る。是れすなわち前佐渡守公行の宅。また高年は公行の姪と云々。

筑前国高田牧から運上された上馬を淀川川尻《よどがわかわじり》で強奪した犯人藤原高年は近江国甲賀郡の住人で、しばしば都の辺りに出没しては犯罪を犯していた。この高年が公行の姪（甥）だというのである。先に秀郷流と近江国との深い関係を指摘したが、これもその傍証となろう。『尊卑分脈』には、公行の兄弟脩行が近江に居住したことを記しているから、あるいは、高年は脩行の子であったのかもしれない。また、公行の宅が都《みやこ》の都市機能の中核をしめた三条に所在したというのは、軍事貴族が流通に規定される存在であったことを示す事例である。さらに、高年が「最上の馬」を狙ったということから、当時、都で活動した武者たちが、かれらの乗馬の供給地の一つを鎮西に求めていたことが知られよう。

さて、公行については、この事件の十日ほど前に仁王会《にんのうえ》の堂童子《どうどうじ》を勤めたことが知られるが（『左経記』八月二十八日条)、その後しばらく散位《さんい》(無官)のままで過ごしていたらしく、長元四年に至って死欠となっていた相模守の申文を提出している。除目《じもく》は六月二十七日に行なわれたが、公行は任官を得なかった。これについて参議源経頼は、公行の佐渡守としての治績は高く評価されるものであり、平忠常の乱で衰耗した相模の国守にかれが適任であるにもかかわらず選任されなかったことを慨嘆している。崇福寺参詣に同道していることといい、源経頼は公行とかなり親しい関係にあったようである。長元六年(一〇三三)五月一日の公行の死は、この経頼の日記『左経記《さけいき》』(同二日条)に記されていた。

公行の子で文行の養子になったという公光について、『尊卑分脈』は、母が上東門院《じょうとうもんいん》(藤原彰子《あきこ》)の宣旨《せんじ》(最高級の女官)であった右兵衛佐平定文《さだふみ》の娘で、検非違使を経て相模守に任じ、位階は従五位下に到ったと記す。このうち検非違使の官歴については、永承二年(一〇四七)二月二十一日付「藤氏長者宣」によって裏付けられ、また『尊卑分脈』などに相模の在地豪族佐伯氏と姻戚関係を有したことが見えることから、相模守への補任の可能性も高い。なお、『江家次第《ごうけしだい》』巻第七に、長元九年(一〇三六)に公光が左兵衛権少尉であったことが見える。一般に検非違使は衛門府の官人が補任されるものであったから、かれは兵衛尉から衛門尉に遷任の後、検非違使の宣旨を蒙り、やがて受領に補されるという官途を歩んだのであろう。

この公光の子公清《きんきよ》は、寛徳二年(一〇四五)に、未給となっていた長久元年(一〇四〇)の内給によって右兵衛少尉に任官し(『除目大成抄《じもくたいせいしょう》』第六)、治暦四年(一〇六八)十一月二十一日の大嘗会叙位《だいじょうえ》の際

図14　検非違使尉と放免（出光美術館蔵『伴大納言絵巻』）

に従五位下に叙せられている（『本朝世紀』）。この時、公清はすでに検非違使であり、『水左記《すいさき》』永保元年（一〇八一）十月十四日条に「左衛門大夫公清」と見えることから、かれは父の公清と同様に兵衛尉から衛門尉に進み、ついで検非違使の宣旨を蒙り、さらに五位（大夫《たいふ》）に叙されたものとみられる。

ところでこの公清は、かれの子の季清《すえきよ》の願文に「伊豆守公成《きんなり》」とあるので、その後受《ず》領《りょう》に任じ、また同じ頃に改名したものと思われる。ちなみに、伊豆は佐渡や隠岐と同様に犯罪穢を追放する境界の地であり（伊藤喜良『日本中世の王権と権威』）、軍事貴族が受領に補されるにふさわしい国といえる。

季清も祖父・父と同じく右衛門尉に任じて検非違使の宣旨を蒙っているが、注目すべきは、かれの場合、この間に白河院の武者所《むしゃどころ》に祗候《しこう》した後、院北面《いんのほくめん》に加えられていることである。

一般に院北面は「北面の武士」と同じ意味で使われているが、実は北面には上下の二つがあり、そのうち武力を構成したのは下北面（北面下臈《げろう》）であった。もともと院庁《いんのちょう》には、天皇における滝口《たきぐち》の上皇版ともいうべき武力組織として武者所があった。院政を開始した白河院の北面の武士はその院庁が発足した時の武者所に祗候した武士が中核となって組織されたものであった。

武者所の初見は寛和元年（九八五）、円融上皇のそれで、人数は十人であった。その後ながく短期間しか上皇としての礼遇をうける者がなかったために、武者所の設置も見られなかったのだが、白河院に至ってその充実が進み、寛治七年（一〇九三）には三十人に達した。白河院政開始後十年余の間は、かれらの約三分の一が衛門尉などの有官位者で、その半数以上がその後検非違使尉になって、院権力の爪牙として活躍したのである。

ところで、北面とは元来殿舎の一区画をさす言葉で、常時そこに祗候する者が「北面祗候五位六位」と称され、そのうち諸大夫《しょたいふ》の家格の者が上北面、それ以下の侍《さむらい》層が下北面（北面下﨟）となった。したがって、武士的存在は下北面に多いわけで、平清盛の祖父で白河院の殊寵をえて西国の受領を歴任した正盛も下北面の一員であった。ちなみに、北面の組織が創始されたのは康和四・五年（一一〇二・三）頃のことで、上下約八十人。藤原季清など武者所に祗候していた有官位者の大半がこれに組み入れられたのである（米谷豊之祐『院政期軍事・警察史拾遺』）。

季清は豊かな経済力をバックに活動していたようで、天永元年（一一一〇）、その本拠地である紀伊国那賀郡名手郷（和歌山県那賀町名手市場を中心とする一帯）に、金堂・多宝塔・経蔵・鐘楼・宝蔵・南大門等を備えた大伽藍を建立しようとした。季清は伽藍建立の願文を当代一流の学者であった大江匡房《まさふさ》

系図10　紀伊佐藤氏系図

- 藤原秀郷
  - ……文　行（左衛門尉）
    - 公　行（佐渡守）
      - 公　光（検非違使）
        - 公　清（公成）（右兵衛少尉　検非違使左衛門尉　従五位下・伊豆守）
          - 季　清（検非違使尉　白河院武者所　北面）
            - 康　清（検非違使左衛門尉　白河院北面）
              - 義　清（西行）（左兵衛尉　鳥羽院北面）
              - 仲　清（内舎人）
                - 能　清（左衛門尉　後白河院北面）

に依頼したため、それは匡房の手になる願文《がんもん》を集成した『江都督納言《ごうととくなごん》願文集』に収められて、今日まで伝えられている。

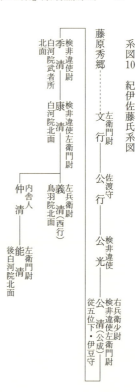

これによると、季清の家は高祖たる下野守藤原秀郷以来「累葉武士之家」であり、自分は「五代功臣之後」にあたり、父の伊豆守公成に至るまで朝廷の警固の任につき、自らも「爪牙之官」を勤めたのだという。

なお、平安時代末期、この紀伊国に経済基盤を置いて都の武者として活動した秀郷流の藤原氏は佐藤氏と称されるが、その由来について、この公成（公清）が左衛門尉に長く在任していたことから、官名の「左」と藤原の「藤」が合わさって「左藤（佐藤）」と呼ばれるようになったというのが一般の理解である（太田亮『姓氏家系大辞典』）。しかし、『尊卑分脈』などによると「佐藤」は公清の兄弟の子孫も名乗っているから、その始称は公清以前のことと考えられ、私は公清の祖父公行が佐渡守に任じたことにその由来を求めている（『中世東国武士団の研究』）。

季清が大伽藍建立のために点定した名手郷の地は、この佐藤氏が預所職を世襲していた摂関家領紀伊国田中庄（和歌山県打田町の南半部）の東方、紀ノ川右岸に位置する。佐藤氏は田中庄の北に接して和泉国境までのびる池田庄（打田町の北半部）も領有していたが、これらは先祖秀郷が平将門の乱を鎮定した褒賞として与えられた功田をベースにしたものと考えられている（湯山学「一つの願文」）。

このように、紀伊佐藤氏は都の近くに有力な経済基盤を有し、その経営と京都での活動を両立させて、代々、最終的には検非違使の尉（三等官）、さらには受領にいたる「都の武者」としての地位を保っており、平将門の乱によって中央軍事貴族に登用された秀郷流藤原氏の諸流が地方へ分散していくなかで、その嫡流とみなされるべき存在であった。

さて、季清の子の康清《やすきよ》は天仁二年（一一〇九）、季清が堀河天皇発願の尊勝寺の造営に行事を勤めた賞を譲られて左兵衛少尉に任じ、また院の北面にも祗候したが、天永三年（一一一二）十二月十九日に至り、「御幸に便なきこと有り」という理由で解官されており（『殿暦《でんりやく》』）、同時に北面からもはずされたらしい。康清が白河院に寵用されなかった理由について、米谷豊之祐《こめたにとよのすけ》氏は、康清が院の対抗勢力である摂関家と強縁を有していたことを指摘している。

畢生の歌人、そして秀郷流故実を伝える弓馬の芸の達人、西行《さいぎょう》こと佐藤義清《のりきよ》は、この康清の子である。

4　西行の武芸

鎌倉幕府の編纂した歴史書『吾妻鏡《あずまかがみ》』には、西行について、次のようなエピソードが記されている。

文治二年（一一八六）八月十五日、放生会《ほうじようえ》のために鶴岡八幡宮に参詣した源頼朝は鳥居の辺りを徘徊する老僧にただ者ならぬ気配をみとめ、すぐに梶原景季《かげすえ》に尋問を命じた。この僧が佐藤兵衛尉憲清（義清）法師、すなわち西行であることを知った頼朝は、幕府に招いて、歌道と弓馬《きゆうば》の道について日頃の疑問を細かく尋ねようとした。はじめ、西行は「弓馬のことは出家の時に秀郷以来の嫡家相承の兵法を焼いてしまいましたし、罪業の元となることですから皆忘れてしまいました。詠歌はただ花や月に心を動かされて三十一文字を作るばかりで全く奥旨を知りませんから、お答えしようもありません」と、はぐらかしていたが、やがて打ち解けてくると、弓馬のことについて終夜に及ぶまで詳しく語ることがあり、頼朝は右筆《ゆうひつ》の俊兼《としかね》にそれを筆録させた。翌日の昼に至って、西行は頼朝の慰留を辞して旅立とうとした。そこで頼朝は銀作りの猫を餞の贈物とした。西行はありがたく受け取ったものの、幕府の門の外に出ると、これを遊んでいた幼児に与えて去っていった。

西行と頼朝の邂逅は偶然のようにとれるが、目崎徳衛《めざきとくえ》氏はこれを西行の目的的な行動とみている（『西行の思想史的研究』・『西行』）。すなわち、この時西行は平泉の藤原秀衡《ひでひら》のもとに東大寺再建のための貢金の勧進《かんじん》に向かう途中であり、東海・東山・北陸道を押さえている頼朝に、京上される貢金の伝進を約束させる必要があった。そこで西行は、わざわざ弓馬の芸の粋を競う流鏑馬《やぶさめ》の行なわれる日を選び、旧知の御家人の目につきやすいところで徘徊していたというのである。なぜならば、西行こそ、東国武士の垂涎の的であった秀郷流の武芸故実を受け継ぐ人であったからである。当時、頼朝は自らを国家守護の担い手＝武芸世界の統合者に位置づけようと必死の努力を続けているところであった（拙著『武家の棟梁の条件』）。そこへ、その第一人者が眼前にあらわれたのである。

ちなみに、『吾妻鏡』に西行を尋問した御家人を梶原景季と記すのも示唆的で、景季の父景時《かげとき》は幕府成立以前、都に出て、その弟朝景《ともかげ》とともに西行ゆかりの徳大寺家に仕えたことがあり、景季も西行を見知っていた可能性が高い。このようなことからも、西行は秀郷流故実を伝授することの引き替えに平泉からの貢金の伝進を頼朝に約束させたのだという目崎氏の指摘は、正鵠を射たものといえるのである。

図15　流鏑馬（やぶさめ）（高山寺蔵『鳥獣人物戯画』）

なお目崎氏は、『吾妻鏡』によるかぎり鶴岡八幡宮放生会における流鏑馬奉納の初見は文治三年八月十五日のことであるが、西行と頼朝の邂逅が前年の同日であったということは、すでにこの日に流鏑馬が行なわれていた可能性は十分にある、とされる。これにたいして髙橋昌明氏は、鶴岡八幡宮放生会およびその行事としての流鏑馬は文治三年にはじめられたとし、その契機は石清水八幡宮放生会の式日である前年の八月十五日に、まるで予定されていたかのように西行に出合ったことにあるという推測を提示されている（『武士の成立　武士像の創出』）。

さて、西行こと佐藤義清が初めて官途を得たのは保延元年（一一三五）七月、十八歳の時のこと（『長秋記《ちょうしゅうき》』二十八日条）。一種の売官である成功によって兵衛尉に任ぜられたのである。当時、兵衛尉の任料の相場は絹一万匹という巨額であったが（竹内理三『律令制と貴族政権　第II部』）、富裕で知られた佐藤氏にとっては、さしたる負担ではなかったであろう。

義清が鳥羽院の北面に候し、院の中宮であった待賢門院《たいけんもんいん》璋子《たまこ》の兄にあたる左大臣徳大寺実能《さねよし》の家人となっていたことは『源平盛衰記』などに伝えられており、そのことはかれの歌集『山家集《さんかしゅう》』からも裏付けることができる。義清は二十三歳で遁世しているので、都で官仕してから、それまでの五年間が、かれの人生の中で、和歌や武芸、さらには蹴鞠などの諸芸の才能を開花・熟達させた時期ということになろう。しかし、やはり佐藤氏の真骨頂は武芸にあり、義清は馬芸に優れた父康清の薫陶もあって、流鏑馬の第一人者としての地位を確立したもののようである。秀郷流鏑家相承の故実は、かれ自身の実力に裏付けられることによって、いよいよ光彩を放ったといえよう。

六　秀郷の武芸故実

1　秀郷故実と鎌倉武士

鎌倉幕府の公的な歴史を語る『吾妻鏡』を見ていくと、頼朝が自らの樹立した武家政権の正統性を確立するために武芸の作法の統合をはかろうとし、その際、とくに藤原秀郷の故実に意を用いていたことを示す記事をいくつか拾いだすことができる。年代順に、それらを示すと以下のとおりである。

(a)　二品（頼朝）、鶴岡宮に御参詣。而るに老僧一人鳥居の辺に徘徊す。之を恠《あや》しみ、景季《かげすえ》（梶原景季）を以て名字を問わしめ給うの処《ところ》、佐藤兵衛尉憲清法師也。今は西行と号すと云々。〈中略〉彼の人（西行）を召さんが為め、早速に還御《かんぎょ》。則ち営中に招引して御芳談に及ぶ。此の間、歌道並びに弓馬の事に就きて、条々尋ね仰せらるる事有り。西行申して云う。弓馬の事は、在俗の当初、慭《なまじい》に家風を伝うと雖も、保延三年八月、遁世の時、**秀郷朝臣以来九代の嫡家相承の兵法**は焼失す。〈中略〉弓馬の事に於いては、具に以て之を申す。即ち俊兼《としかね》をして其の詞を記し置かしめ給う。

（文治二年〔一一八六〕八月十五日条）

(b) 諏方大夫盛澄《もりずみ》という者、流鏑馬《やぶさめ》の芸を窮む。**秀郷朝臣の秘決を慣らい伝うる**に依りて也。爰《ここ》に平家に属して多年在京し、連々城南寺の流鏑馬以下の射芸に交り訖《おわ》んぬ。仍って関東に参向するの事、頗《すこぶ》る延引するの間、二品《にほん》（頼朝）、御気色有りて、日ごろ囚人と為る也。而るに断罪せらるれば、流鏑馬の一流、永く陵廃すべき間、賢慮思しめし煩い、旬月に渉るの處、今日俄に之を召し出され、流鏑馬を射るべきの由を仰せらる。盛澄領状を申す。御厩《みうまや》第一の悪馬を召し賜わる。〈中略〉盛澄生得の達者為れば、押し直して之を射るに、始終相違无《な》し。次に小土器を以て、五寸の串に挟み、三つ之を立てらる。盛澄また悉《ことごと》く射畢《おわ》んぬ。次に件の三ケの串を射るべきの由、重ねて仰せ出さる。盛澄之を承り、既に生涯の運を思い切ると雖も、心中に諏方大明神を祈念し奉り、瑞籬《みずがき》の砌《みぎり》を拝み、還って、霊神に仕うべくば、只今擁護を垂れ給え者、然る後、鏃を平に捻り廻して之を射る。五寸の串皆之を射切る。観る者感ぜざる莫し。二品の御気色また快然として、忽《たちま》ち厚免を仰せらると云々。

（同三年八月十五日条）

(c) 鶴岳（岡）宮臨時祭、二品、御参。流鏑馬は、専ら其の堪能を召さる。故波多野《はたの》右馬允義経《よしつね》の嫡男有《あり》経《つね》、**曩祖（藤原秀郷）に恥じざる達者也。**仍って今日の清撰に応じ、頗る抜群の芸を施す。御感の余り一村を給わる亡父の所領随一云々。父義経、去る治承四年誅戮《ちゅうりく》せらるるの後、囚人と為り、景能《かげよし》（大庭景能）に召し預けらるる所也。七ケ年を経て遂に此の慶賀有りと云々。（同四年四月三日条）

(d) また下河辺《しもこうべ》庄司行平《ゆきひら》、仰せに依りて御甲を調えて献《たてまつ》る。今日自ら之を持参し、櫃の蓋を開きて御前に置く。紺地錦の御甲直垂上下を相副う。御覧ずるの処、冑の後に笠標《かさじるし》を付く。仰せて曰く、此の簡、袖に付くるを尋常の儀と為す歟、如何者。行平申して云う。**曩祖秀郷朝臣の佳例也。**其の上、兵の本意は先登也。先登に進むの時、敵は名謁《なのり》を以て其の仁を知る。吾衆後より此の簡を見て、必ず某先登之由を知るべき者也。但し袖に付けしめ給うべきや否や、御意に在るべし。此の如き物を調進するの時は、家の様を用うるは故実也と云々。時に御感を蒙る。（同五年七月八日条）

(e) 御書を下河辺庄司行平に遣わされて其の召し有り。是れ若君（頼家）の御弓の師為るべきに依って也。若君漸く御成人の間、弓馬の芸に慣れしめ給うの外、他事有るべからず。而るに扶持を加え奉るべきの輩、諸家其数有りと雖も、**行平　適《たまたま》数代将軍の後胤為る也。随って弓箭の達者也。**仍って此の御沙汰に及ぶ。早く参上すべきの趣、之を載せらると云々。しかのみならず、之に駕すべしと称して、御厩の御馬を遣わさるると云々。（建久元年〔一一九〇〕四月七日条）

(f)　将軍家、由比浦に出でしめ給う。是れ、放生会《ほうじようえ》の射手を召し具せらるる所也。各其の芸を試みらる。北条五郎時連《ときつら》、始めて此の役に従う。下河辺行平をして其の体を訓《おし》えしめ給う。而るに弓の持ち様に就いて、武田兵衛尉有義《ありよし》、海野《うんの》小太郎幸氏《ゆきうじ》等、子細を申す事有り。行平、**譜代の口伝故実等を述べ**、将軍、彼の儀に甘心せしめ給う上は勿論也。（同四年八月九日条）

秀郷の武芸故実が口伝や文書の形で存在し、それを伝えた秀郷流の佐藤氏や下河辺・波多野氏などが正統なる武士として尊重されたことが明らかであろう。秀郷はまさしく鎌倉武士たちから武芸の開祖として仰がれていたのである。

しかし、秀郷流の故実が東国で成立し、東国の秀郷流の家に伝えられたのかというと、どうもそうではないようである。(a)の記事の内容は、すでに前章の*4*で紹介したところであるが、西行こと佐藤憲清（義清）が都の武士であったことはいうまでもないことだし、(b)の諏方《すわ》（諏訪）盛澄は、「秀郷朝臣秘決」の故実を伝えたとはいっても信濃の諏訪社の神官の出身で秀郷流ではなく、平家に仕えて長く在京し、洛南城南寺で行なわれた流鏑馬で名を挙げた武士であった。また、(c)の波多野氏は歴代が摂関家に出仕して歌人も輩出していたことが明らかにされているし、(d)・(e)・(f)の下河辺行平も、父の行義《ゆきよし》とともに「ぬえ退治」で有名な摂津源氏の源頼政《よりまさ》に仕えてしばしば在京していた。

こうしてみると、かれらに共通するのは京都との深い関係である。たしかに(a)によれば、秀郷流の「嫡家相承」の兵法は北面《ほくめん》の武士を世襲した佐藤氏に伝えられていた。しかも、この時、西行が語った弓射の故実が、ただの形式ではなく、きわめて実践的で理にかなったものであったことは、嘉禎三年（一二三七）七月十九日、北条泰時《やすとき》が嫡孫時頼《ときより》の流鏑馬の技術について故実に堪能な海野幸氏を招いて評価を下させたとき、幸氏が西行の示した馬上での弓の持ち様を語り、その場に侍した御家人たちをすこぶる感心させていることからも明らかなのである（『吾妻鏡』）。

建久五年（一一九四）十月九日、頼朝は小山《おやま》朝政の邸に朝政の一族など弓馬堪能の者を召し集め、旧記を参照し、先蹤（先例）をたずねながら流鏑馬以下の作物（弓の稽古に使う標的）の射様を語らせ、各々相伝の家説によって異なる故実を右筆《ゆうひつ》の中原仲業に筆記させているから（『吾妻鏡』）、東国武士の家に独自の武芸の故実が伝承されたことを否定することはできない。しかし、それがもし存在したとしても洗練されたものではなく、多くの賞賛に値するほどの技量は都仕込みの故実に基づくものであったのである。

2　秀郷故実の実態

新皇《しんのう》即位の宣言の中で、自ら「天の与えたるところすでに武芸にあり」と揚言した平将門を討ち取った藤原秀郷が弓馬の芸の祖と仰がれるのは無理もないことである。しかし、平将門の乱における秀郷の武芸というのは、戦闘における個人的な武技というよりは『将門記』に「もとより古き計《はかりこと》あり」あるいは「古き計の厳《いかめ》しきところ」、『今昔物語集』（巻第二十五の第一）に「計賢くて」とあるように、むしろ老練な軍略に示されるものであった。「器量人ニ越へ、無双弓ノ上手ナリシカ」（『将門純友東西軍記《まさかどすみともとうざいぐんき》』）というように、かれに弓射の達人としてのイメージが付加されるのは後世になってからのことである。

また、下総の有力御家人千葉氏が氏神の妙見神を将門から継承したと主張して一族の結合をはかったように、将門は東国社会では長く英雄視されたのであって、その将門を討った秀郷の武芸を東国の武士たちが積極的に評価したとも思えない。「俵藤太のむかで退治」の舞台が近江であることが示すように、秀郷の英雄伝承は京都で成立したものと思われるから、その武芸にたいする評価も京都の所産とみるべきではないだろうか。

ところで、西行が頼朝との取引に使った嫡家相承の秀郷流故実とはどのようなものであったのだろうか。実のところ、鎌倉武士が故実の規範としたような弓馬の芸や、そのレガリヤとしての大鎧《おおよろい》は、十世紀前半の秀郷の時代にはまだ定式化されておらず、未完成であったというのが、近年の武士論研究者の一致した見解である。中世的な武芸や武装が形成されたのは十一世紀の前半と考えられ、ちょうど秀郷流藤原氏の歴代が衛府《えふ》の武官を経て鎮守府将軍などに補任されていた時期に相当する。

秀郷流藤原氏が鎮守府将軍の地位を背景に、「弓馬の戦闘は夷獠《いろう》の生習、平民の十もその一に敵する能わず」（『続日本後紀《しょくにほんこうき》』承和四年〔八三七〕二月八日条）といわれるように騎射に長じた蝦夷や俘囚《ふしゅう》・群党との戦闘でつちかわれた東国の武芸の統合者としての地位を固めたことは想像に難くない。しかし、翻って考えてみると、もともと秀郷流藤原氏の祖先ではじめて下野に来た藤成や坂東平氏の祖高望王が、騎射に長じた群党の跳梁跋扈する東国に下向して、その鎮圧に当たり、ひとまずそれに成功をおさめていたとするならば、かれらとその郎等たちの軍事的技術は東国人よりも優れており、しかもそれは都で仕込んだものと考えざるをえないであろう。

都には多くの技術者・芸術家たちが集まり、腕を競っていたが、その中に武芸を職能とする人々もいた。そのうち最も洗練され高度な技術を保持したのが近衛府《このえふ》の下級官人たちであった。『延喜式』の「左右近衛府式擬近衛条」に「凡そ近衛に擬する者、預《あらかじ》め弓馬に便習なる者を択び定む」とあるように、かれらは優れた弓馬のプロであった。平安時代、洗練された武芸の究極は近衛府の下級武官たちによって担われた。宮廷儀礼として行なわれた競馬《くらべうま》や騎射《のりゆみ》で、かれらはその優れた技量を披露したのである。

東国の群党蜂起鎮圧に下向した王臣貴族たちが身につけていた武芸の技術は、近衛官人によって高められたものであり、引き連れていった武力（郎等《ろうどう》）はこうした近衛官人のおちこぼれ集団のような「不善の輩《ともがら》」（都市の暴力団）から供給されたものとみてよいであろう。軍事貴族の代表である源氏も近衛の武芸の吸収に努めていたことは、近衛の官人で騎射の「堪能者」として知られた下毛野公時《しもつけぬのきんとき》

図16　騎射（うまゆみ）（『年中行事絵巻』）
5月6日，一条大宮の右近の馬場で行なわれた真手結（まてつがい）の場面．

（金太郎のモデル）が源頼光の郎等であったことや（『今昔物語集』巻第二十八）、源頼義の異父弟が近衛官人であったことからうかがうことができる（『古事談』巻第四）。

しかし軍事貴族の中で近衛府と最も関係が深かったのは、ほかならぬ秀郷流藤原氏であった。前章の2で見たように、十一世紀のはじめに、頼行が右近衛府の三等官にあたる将監《しょうげん》に任じたことが知られるからである。

軍事貴族の出身である頼行は、その後、鎮守府将軍に昇任しているが、武芸を職能とする下毛野・尾張氏などの近衛府下級官人にとっては、近衛（近衛舎人）に採用されて後、府掌・番長・府生・将曹の順で昇進し、最後に到達できる最高の官がこの将監なのであった（ちなみに下毛野公時の死去時の官職は右近衛番長）。つまり頼行は、弓馬の芸や相撲に長じた近衛府下級官人の最上位に位置して、かれらと直接接触する立場にあったわけで、これによって秀郷流藤原氏の武芸は一躍源平両氏を凌駕する

図17　平安朝の相撲人（『古事類苑』武技部所収「相撲取之図摸写」）

に至ったのではないだろうか。この点については、十二世紀に、頼行の子孫にあたる足利《あしかが》・小山氏の一族から、坂東の武士としては例外的に、近衛府によって行なわれる相撲節《すまいのせち》へ出仕する相撲人が輩出していることがその裏付けとなるだろう。

ちなみに、近年の高橋昌明・近藤好和氏らの研究によれば、このような武芸にとどまらず、大鎧・弓・箙《えびら》のような中世の武士の魂ともいうべき武具もすべて近衛府ないしは宮廷貴族社会の所産であったというのである。そういえば、源頼朝も近衛の故実を尊重し、それを知る者（秀郷流藤原氏出身の武藤資頼《すけより》）を御家人に登用したことがあった（『吾妻鏡』文治五年〈一一八九〉正月十九日条）。

十二世紀の東国武家社会で尊重された「秀郷故実」というものは、秀郷自身の英雄性のうえに、その子孫（秀郷流藤原氏）が狩猟世界の伝統をひく東国の軍事的統括者としての地位を表象する鎮守府将軍を歴任し、かつ宮廷の武芸故実を吸収して武芸の家としての地位を固めたことによって成立した、と結論づけることができるだろう。

ところで、西行は遁世の際、その兵法の書を焼いてしまったと言っているが、そうすると秀郷流の武芸故実は、西行（佐藤義清）が北面に祗候していた頃には文書のかたちにまとめられていたことになる。前述のように、秀郷流の武芸故実とは秀郷の編み出したものではなく、都の武官として活動した秀郷流の歴代によって積み重ねられてきたものであるから、その文書というのは当時の貴族のよく行なった先祖の日記を種々の儀式ごとに整理した部類記に類するものだったのではないかと思われる。

佐藤氏の歴代が日記をのこしていたことは、検非違使の故実をまとめた『清獬眼抄《せいかいがんしょう》』に『左藤判官季清記《さとうほうがんすえきよき》』が引かれていることから明らかである。義清はこのような先祖ののこした記録から先例・故実を正確に学んでいたようで、その該博な知識については次のようなエピソードが『参軍要略抄《さんぐんようりやくしょう》』という北面の故実を記した書物に伝えられている。

治承三年（一一七九）九月、後白河院が天王寺に御幸した際、「青海波《せいがいは》」という舞楽が演じられた。このときある北面が、庭上に列立して吹奏する「垣代」という役を勤めたのだが、ほかの人たちが帯剣しなかったのに、存ずる旨があって一人だけ帯剣した。このことをきいた西行が甥の左衛門尉能清《よしきよ》に、その者の判断は妥当なものだと教えた。

義清は若年ながら北面在任の頃からすでに諸芸万般の生き字引であり、しかも、頼朝が秀郷流故実を老西行から聞き出そうとしたことからも知られるように、そのことは遁世後、数十年たった後も都鄙を問わず等しく人々の認めるところだったのである。

3　秀郷流嫡家小山氏の成立

鎌倉幕府の成立は東国に割拠する在地武士団の勢力地図に大きな変動をもたらすものであった。これを端的に示すのが、両総地方において平忠常の嫡流として圧倒的な勢力を誇っていた上総権介《かずさごんのすけ》広常《ひろつね》が粛清されたのに替わって、千葉氏が台頭したことである。このような事態は大なり小なり各地で発生したが、北坂東においては秀郷流足利氏に替わる小山氏の地位向上がそれに該当する。頼朝は政権確立の過程で純粋な在地生え抜きの東国武士団の代表者たる広常や足利俊綱を粛清して庶流の千葉氏や小山氏を嫡流とし、かれらに源氏譜代の御家人という正統性を付与して幕府体制の中核に編成したのである。

小山氏が鎌倉幕府成立後、東国における秀郷の嫡流であることを標榜して、自己のアイデンティティとしようとしたことは、次の『吾妻鏡』建久五年（一一九四）十月九日条の記事からもうかがうこ

系図11　小山氏の一族

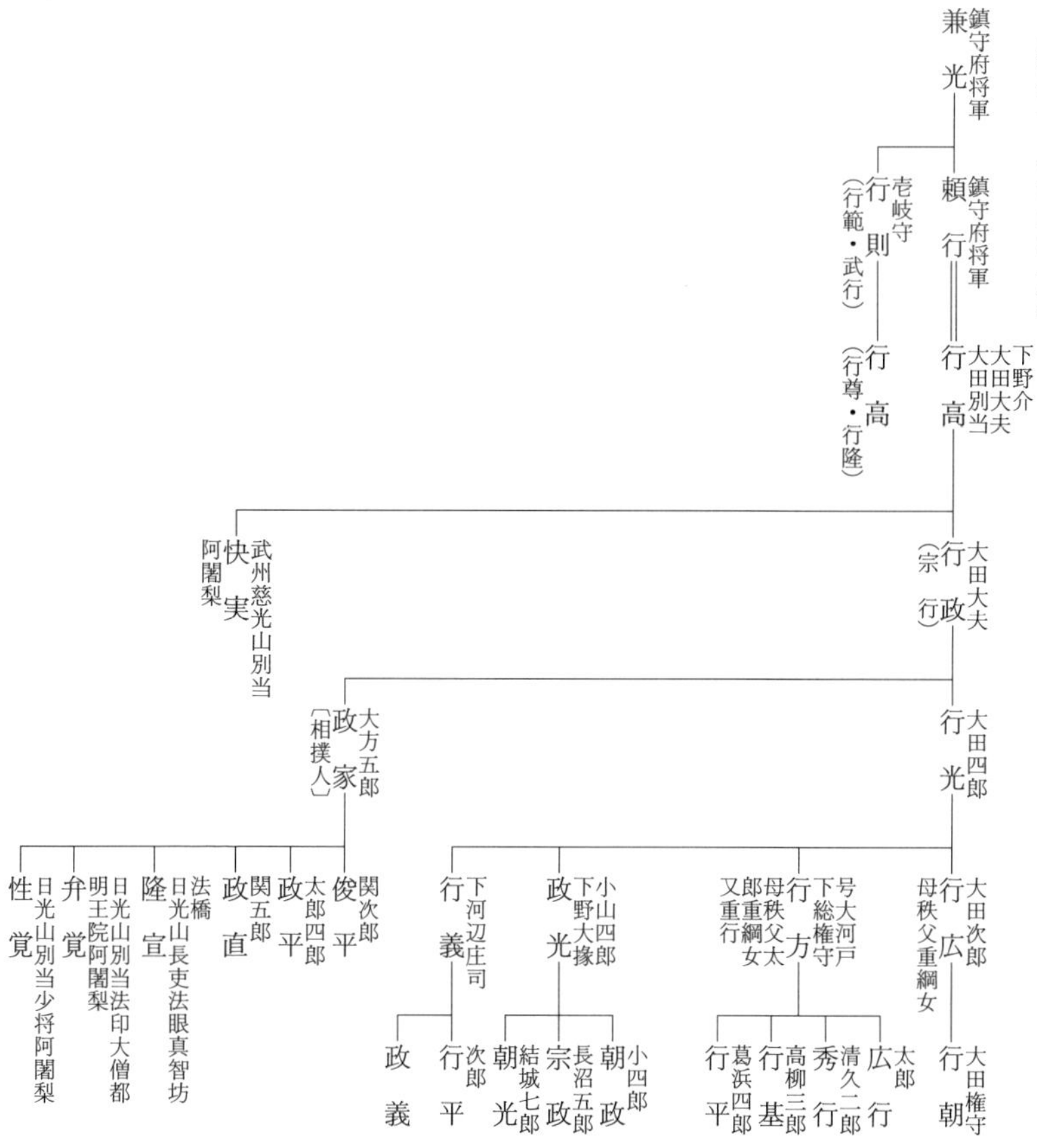
鎮守府将軍 兼光
鎮守府将軍 頼行
壱岐守 行則（行範・武行）
下野介 大田大夫 大田別当 行高
行高（行尊・行隆）
大田大夫 行政（宗行）
武州慈光山別当 快実 阿闍梨
大田四郎 行光
大方五郎 政家〔相撲人〕
大田次郎 行広 母秩父重綱女
号大河戸 下総権守 行方 母秩父太郎重綱女 又重行
小山四郎 下野大掾 政光
下河辺庄司 行義
関次郎 俊平
太郎四郎 政平
関五郎 政直
法橋 隆宣 日光山長吏法眼真智坊
弁覚 日光山別当法印大僧都 明王院阿闍梨
性覚 日光山別当少将阿闍梨
大田権守 行朝
太郎 広行
清久二郎 秀行
高柳三郎 行基
葛浜四郎 行平
小四郎 朝政
長沼五郎 宗政
結城七郎 朝光
次郎 行平
政義

とができよう。

将軍家、小山左衛門尉朝政《ともまさ》の家に入御す。朝政の兄弟以下の一族群参し、数輩祗候すと云々。此の所に於いて、弓馬の堪能等を召し聚め、旧記を披覧し、先蹤《せんしよう》を相訪ね、流鏑馬以下の作物《つくりもの》の射様を談ぜしめ給う。其の故実おのおの相伝うる所の家説、面々の意巧一准ならず。仍って前右京進仲業《なかなり》をして、彼の意見を記さしめ給う。是れ明年御上洛のついでに、住吉社に御参有り。御宿願を果たさんが為め、堪能の者を以て、流鏑馬を射しめ給うべし。京畿の輩、若し見物に及ばば、定めてこれを以て東国射手の本と謂いつべきか。然れば、後難無きの様、兼日能く評議を凝らし、用捨有り。其の宜《よろ》しき体を若き輩に学ばしめんが為に、此の儀有りと云々。

頼朝が小山朝政の邸に臨んで、下河辺行平をはじめとする小山氏の一族のほか、弓馬に堪能な御家人を集めて古い記録や先例を調べながら流鏑馬の作法について語らせ、それを政所《まんどころ》の公事《くじ》奉行人中原仲業に記録させたというのである。これは明年の上洛の際、住吉社において流鏑馬を行うための用意であるとともに、一同の評議のもとに確立された東国の流鏑馬作法を次代に伝えるためであった。ここで注意しなければならないのは、弓馬にすぐれた東国御家人の家に伝えられた故実が、「意巧一准ならず」とあるように、この段階まで実は各家様々なものであったこと、そして、頼朝がその統

系図12　藤姓足利氏の一族

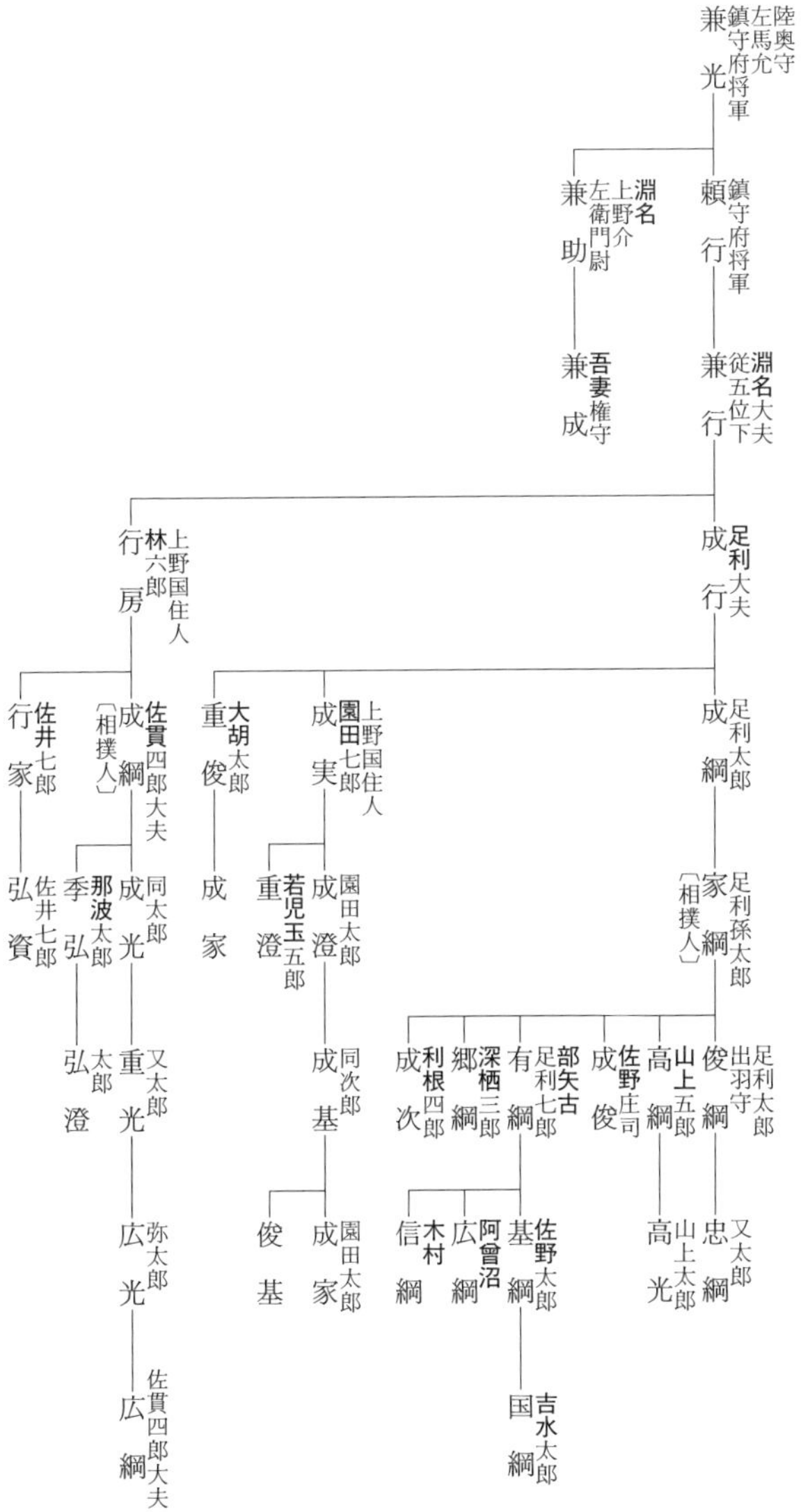

合の主宰者として小山朝政を選定したとみなし得ることである。頼朝は多くの所領所職を与えるとともに、このような一種イデオロギー的な手段をもって、小山氏を東国における秀郷流藤原氏嫡流として位置付けたのであった。

頼朝挙兵当時の小山氏の勢力については、『吾妻鏡』養和元年（一一八一）閏二月二十三日条に、下野国において秀郷流足利氏と並ぶ「一国之両虎」であり、その家督である小山朝政こそは「曩祖秀郷朝臣、天慶年中朝敵（平将門）を追討し、両国の守を兼任し、従下四位（従四位下）に叙せしめし以降、勲功の跡を伝え、久しく当国を守りて、門葉の棟梁たる也」と揚言されている。しかし、これは幕府成立後、小山氏が御家人社会における秀郷流嫡流としての立場を確立し、下野守護としての伝統的地位を主張するようになった段階における記述として評価すべきものなのである（松本一夫「小山政光の立場」参照）。

頼朝挙兵以前、坂東における秀郷流藤原氏の嫡流と目される存在は足利氏である。その勢力は下野のみならず上野一帯に及んでいたが、注目したいのは、この一族がとりわけ武芸に長じていたということである。たとえば、保元三年（一一五八）六月に行なわれた宮廷の節会《せちえ》相撲において、足利大夫家綱《いえつな》は最手《ほて》をつとめている（『兵範記《ひょうはんき》』二十七日条、『醍醐雑事記《だいごぞうじき》』）。最手というのは、強力であるとともに、容体もすぐれていることを条件に選ばれる相撲人の最上位である。治承四年（一一八〇）五月、源平合戦の緒戦ともいうべき宇治川の合戦で、弱冠十七歳にして三百余騎の一族を率いて先陣の功をあげた足利又太郎忠綱《ただつな》の活躍は『平家物語』諸本に詳しいが、この忠綱は家綱の孫にあたる。ちなみに『吾妻鏡』は忠綱について、「是れ末代無双の勇士也。三事人に越ゆる也。いわゆる一には其の力百人に対する也。二には其の声十里に響く也。三には其の歯一寸也と云々」(養和元年閏二月二十五日条)と伝えている。

足利氏の武芸は、都で洗練された弓馬の技術のような故実に基づくものではなかったが、東国の武士社会においては、足利氏が秀郷流の血統を伝えているだけに、勇士秀郷のイメージに投影されて、それなりに尊重されたのであろう。そういえば、諸書に記された忠綱の姿は、伝説上の秀郷の再来を思わせるものがある。

このような荒々しい、いわば東国における秀郷流の伝統も小山氏によって継承されている。それを体現するかのような存在が、小山朝政の弟にあたる長沼宗政《むねまさ》である。宗政は「当家の武勇はすべて自分に帰するものだ」と公言して憚《はばか》らず(『吾妻鏡』正治二年〔一二〇〇〕二月六日条)、海道十五ヶ国の民間の無礼を糺すためと称して頼朝から弓を賜わったことを面目とし、文人肌の三代将軍実朝を批判して「当代は、歌鞠を以て業と為し、武芸は廃《すた》るるに似たり、女性を以て宗と為し、勇士はこれ無きがごとし」(同、建保元年〔一二一三〕九月二十六日条)と言って出仕をとどめられるほどの「荒言悪口の者」であった。

ところで、鎌倉幕府のもとで秀郷流藤原氏嫡家の地位を確立した小山氏にとって、武芸故実ばかりではなく、鎮守府将軍の家という武門としてのステイタスも継承すべき重要なアイデンティティであった。

秀郷以後、その子孫が一世紀近くにわたって鎮守府将軍を歴任したことはすでに述べたところである。平氏も、将門の父の良持をはじめ、貞盛・維良らが鎮守府将軍に任じている。また源氏は、頼信が平忠常の乱を平定して良文流を傘下におさめ、頼義が貞盛流の直方の婿となって、その東国における軍事的地盤を継承し、前九年合戦に臨んで陸奥守に鎮守府将軍を兼任している。しかし、鎮守府将軍補任のキャリアにおいて、平氏と源氏は秀郷流藤原氏には到底及ばなかった。決定的なのは、嘉応二年（一一七〇）五月、平泉の藤原秀衡がこれに任じられたことである（『兵範記』二十五日条）。後述するように平泉藤原氏は、永承二年（一〇四七）二月二十一日付「藤氏長者宣」に、陸奥在国が明記されている経清《つねきよ》の子孫である。ちなみに、この文書には、経清の父正頼《まさより》の名も記されているが、この正頼の父こそ鎮守府将軍兼光なのである（『奥州御館系図《おうしゅうみたち》』、『続群書類従』所収）。

文治五年（一一八九）九月、奥州合戦で頼朝軍の捕虜となった由利八郎という藤原方の勇将は、尋問にあたった梶原景時の横柄な態度にたいし、

汝は兵衛佐殿（頼朝）の家人か。今の口状過分の至り、喩《たとえ》を取るに物無し。故御館（泰衡）は、秀郷将軍嫡流の正統たり。已上三代、鎮守府将軍の号を汲む。汝の主人は、猶此の如きの詞を発すべからず。いわんやまた汝と吾と対揚の処、何れか勝劣有らんや。運尽きて囚人と為るは、勇士

て、子々孫々鎮守府将軍の職を蒙りし五代将軍の後胤也。累代武略の誉を残し弓馬の芸の達者なり」と、その武家としての正統性が称揚されている。

小山氏の去就が注目されていたことは、前関白近衛経忠《このえつねただ》が関東の藤原氏を大同団結させて南朝・北朝とは別の勢力の樹立を目指そうとしたという、いわゆる「藤氏一揆《とうしいっき》」の風聞のなかで、小山氏が関東管領《かんれい》に擬されていたことからもうかがわれる。興国元年（暦応三・一三四〇）から同三年（康永元・一三四二）の間に小山朝氏《ともうじ》は名を朝郷《ともさと》と改めているが、これは先祖秀郷を意識し、秀郷流藤原氏嫡流としての自覚を外に示したものであった。かれは興国四年（康永二・一三四三）、護良《もりよし》親王の子の興良《おきよし》親王を小山城に迎え入れるなど独自の行動をとり始める。このような朝郷にたいして、北畠親房《ちかふさ》が南朝への与同を鎮守府将軍補任を条件に働きかけているのは（興国三年十月十二日「北畠親房書状」）、小山氏のアイデンティティを巧みに利用した政略といえよう。

系図13　小山氏系図

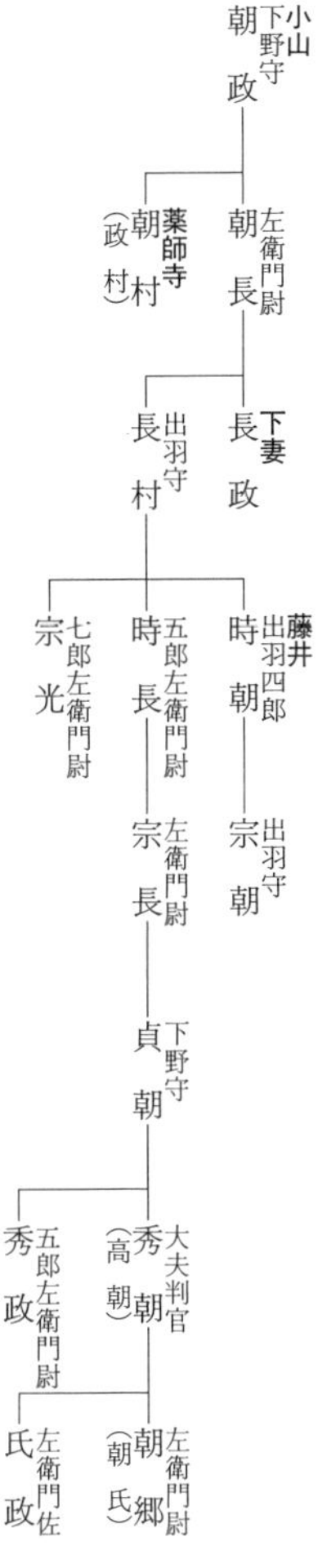

小山氏の台頭は南北朝内乱を背景にした一時的な事態であり、やがて足利氏の政治工作によって足利氏＝源氏嫡流の正統性が流布し、東国では公方《くぼう》（関東公方足利氏）―管領（関東管領上杉氏）体制が形成される。しかし、この時代は「俵藤太」秀郷の説話の完成する時期に重なり、それが鎮守府将軍秀郷流藤原氏に対する関心の高まりと連動していたことは否めないであろう。

七　秀郷流藤原氏の展開

中世における秀郷像の形成には、秀郷の子孫の活躍と、かれら自身が英雄的な先祖として秀郷を偶像化していったという側面がみられる。すでに、秀郷の故実が鎌倉武家社会で大きな権威を有していたこと、小山氏が鎮守府将軍家としての伝統的権威を自己のアイデンティティとしていたことなどを述べた。しかし、秀郷流藤原氏を出自とする武士の家は数多い。『尊卑分脈』には、秀郷の子孫として、大友・武藤・少弐《しように》・佐藤・山内首藤《やまのうちすどう》・後藤・尾藤・波多野《はたの》・松田・伊賀・大田・小山・薬師寺・長沼・結城《ゆうき》・下河辺《しもこうべ》・足利・佐野・阿曾沼《あそぬま》・園田・佐貫《さぬき》氏などの家系が掲げられている。前章で紀伊佐藤氏について見たように、これらの武家の歴代の行動の中にも、後世の秀郷のイメージを構成する要素が含まれていることが考えられる。この章では、そのような見地から、秀郷流藤原氏諸流のうち、日本歴史上に最大の位置をしめたと評価できる奥州平泉藤原氏、その勢力下にあって存在形態に未解明な部分の多い奥州信夫《しのぶ》郡司佐藤氏、源氏の家人として発展する首藤氏、相模国波多野庄を本拠としながら都の武士としての風貌をもち、秀郷流の武芸故実を伝えた波多野氏について述べていこう。

1　平泉藤原氏

平泉藤原氏の祖は、陸奥奥《おく》六郡の主安倍頼良《あべのよりよし》（頼時《よりとき》）の婿となって、前九年合戦で源頼義に惨殺された藤原経清である。かれは地方在住とはいえ、五位の位階を有して氏の長者に把握される存在であった（佐藤圭「永承二（一〇四七）年における五位以上の藤原氏の構成」）。そして、陸奥に来住したのは、相婿で同じく頼義に討たれた平永衡《ながひら》と同様、頼義の前任の陸奥守藤原登任《なりとう》の郎等として下向したためで、かれも本来は中央軍事貴族の一員であったとみてよいであろう。ただ、かれは『陸奥話記』に出羽国住人平国妙の外甥とみえ、『奥州御舘系図』がかれの父とする正頼も地方在住の五位であり、さらにその父兼光は鎮守府将軍であったから、すでに陸奥に一定の地盤を有していたものとみられよう。

経清の子、清衡《きよひら》が苦難の末、奥羽両国を実質的支配のもとにおさめ、京都の王朝政府から相対的に自立した政権を平泉の地に樹立し、それが基衡《もとひら》・秀衡《ひでひら》に発展的に受け継がれていったことは周知に属するので、詳しく述べることは省略する。

ここで注目しておきたいのは、平泉藤原氏の武門としての位置とその背景にあった経済力の二点である。清衡・基衡の二代は、実質的には陸奥・出羽守以上の支配権力を在地に行使し得る立場にありながら、官制の上からいうと陸奥・出羽国あるいは鎮守府の在庁官人でしかなかった。しかし、秀衡は嘉応二年（一一七〇）五月、鎮守府将軍に任官した。時の右大臣九条兼実は秀衡を「奥州夷狄」と蔑《さげす》み、その鎮守府将軍補任を「乱世之基也」と評している（『玉葉《ぎょくよう》』二十七日条）。たしかに、これは異例な措置ではあるが、在地豪族の登用という点では、すでに清原武則《きよはらのたけのり》・貞衡《さだひら》の例があり、また鎮守府将軍は十一世紀前半まで秀郷流藤原氏の家職であったから、その辺も考慮され、また、秀衡が後白河院をはじめとする中央権門へ貢納を怠らなかったことも、その背景にあったであろう。

養和元年（一一八一）八月十五日、秀衡は陸奥守に任じられた。これは、源頼朝をはじめとする東国の叛乱勢力を背後から牽制する存在として、秀衡の決起を期待した政府（平家）の思惑によるもの

系図14　平泉藤原氏の姻戚関係

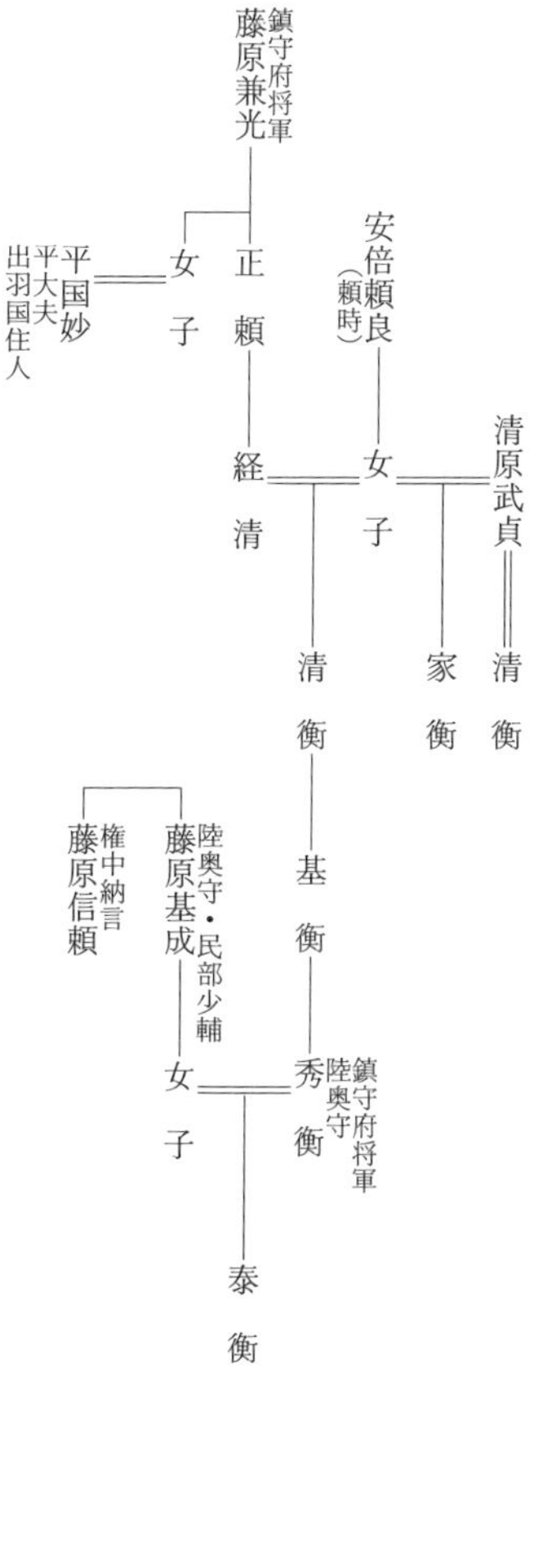

であるが、これによって平泉藤原氏の武門としてのステイタスは飛躍的に上昇した。鎮守府将軍と陸奥守の官歴は、前九年合戦における源頼義に等しい。さらに、「前九年合戦の際、頼義が清原武則に名簿をささげて援を請うた。したがって、源氏は清原氏相伝の家人である」という意識が後三年合戦の際、清原氏側に存在したことが『奥州後三年記《おうしゅうごさんねんき》』にみえるが、平泉藤原氏こそ、この清原氏の地位と意識を継承した存在だったのである。

　このような、秀郷流藤原氏の武門としての実力を支えたのが、その並々ならぬ経済力であったことは言うをまたない。秀衡の鎮守府将軍補任の理由は、兵馬の権を掌握した平家が陸奥における秀衡の実力を認め、当国内における軍事警察権をかれに委任したことを示すものであるが、もうひとつ、平家が秀衡と連携をはかった理由として考えられるのが、この奥羽の富である。平家の経済基盤は日宋貿易にあったが、それは奥州産の砂金によって支えられていたからである。

　秀衡が東大寺再建のために多くの砂金を献納したことはよく知られるところであるが（『東大寺造立供養記』など）、それ以前、高野山に建立された多宝塔の開眼供養《かいげんくよう》に際しても莫大な資金を提供したことが知られ、そのことを記した承安三年（一一七三）十一月十一日「高野山検校《けんぎょう》阿闍梨定兼塔供養願文」には、秀衡を「奥州鎮守府将軍藤原朝臣は、将帥累葉の家に生まれ、勢徳希有の人為り。しかるに仁義の性を受け、仏法を心に刻む」と賞賛している。また、かれは中国明州吉祥院の蔵経を輸入しているし、かれの母は、延暦寺の澄憲僧都《ちょうけんそうず》に金・馬を進上して「如意輪講式」の執筆を依頼している（『大覚寺《だいかくじ》聖教目録《しょうぎょうもくろく》』四十八函八号）。

ちなみに鎌倉時代の説話集『古事談』第五には、平泉藤原氏の富裕を示す、このようなエピソードが語られている（現代思潮社、古典文庫の訓読文を参照）。

図 18　三井寺（園城寺）の梵鐘

園城寺の鐘は龍宮の鐘也。昔（時代分明ならず、記を尋ぬべし）粟津《あわづ》に男（粟津の冠者と号す。武勇の者也）有り。一堂を建立し、鐘を鋳んと欲して鉄を尋ねんがために、出雲国に下向しけり。渡海の間、大風俄《にわか》に起こりて浪船に入る。乗船の輩、声を連ねて叫喚す。その時、小舟一艘、小童梶を取り出で来たりて云わく、「主人此船に乗り移るべし。しからずば海に入るべし」と云々。迷惑ながら乗り移るの間、風浪、忽然《こつぜん》として止む。本船は此処に於いて待つべきの由を示して、小船、海底に入ると思うの間、龍宮に到る。宮殿楼閣説くべからずと云々。龍王出で逢いて云わく、「讎敵の為めに従類多く亡ぼされ了んぬ。今日殆ど害せらるべし。よりて迎え申す所也。時漸く至る。しかるべくは一矢射給うべし」と云々。冠者これを請け、楼に昇りて相待つの処、敵の大蛇若干の眷属を引率して来臨す。むこうざまに鏑矢にて口中に射入れたるに、舌根を射きりて喉下に射出で畢んぬ。これにより大蛇退き帰るの間、追いざまにまた中程を射畢んぬ。ここに龍王出で来たり、喜悦して云わく、「此の悦びには何事と雖も、願いに随いて与うべし」と云々。冠者云わく、「一堂を造ると雖も、未だに鐘を鋳ず。よって鉄を尋ねんが為めに出雲国に下向の間、不慮に参仕せしむる所也」と云々。龍王、「甚だ安き事也」とて、龍宮寺に釣る所の鐘を下してこれを与え畢んぬ。粟津に帰りて堂（広江寺）を建立する所也。事移り時変わりて、件の寺破壊の後、わずかに住持の法師一人、鐘主たり。しかるに去年の比、鎮守府将軍清衡、砂金千両を寺僧千人に施しけり。その時、三綱某、五十人の分を乞い集め、五十両の金をもって広江寺の法師に給いけり。ここに件の鐘主の法師、悦びを成して件の鐘を売り畢んぬ。上座時刻を廻らさず、寺僧等を招き寄せて、終夜、顚《ころば》し来たり畢んぬ。園城寺に釣る所也。件の広江寺は天台の末寺也。後日、衆徒此の事を漏れ聞きて、件の鐘主法師を搦《から》め、不日に湖に入れしむと云々。

ここに清衡と見えるのは、鎮守府将軍とあるところから、秀衡の誤りとすべきかもしれない。いずれにせよ、この説話は平泉藤原氏が園城寺に千僧供《せんそうぐ》の費用を施した際、その一部をもって広江寺に架けられていた鐘の購入に充てたという事実を前提に作り上げられたものであろう。これまた、奥州の富の力を伝えるものであるが、さらに注目したいのは、このストーリーが、後に成立する俵藤太秀郷の伝承と極似する点である。

『古事談』は、建保三年（一二一五）に五十六歳で卒去した源顕兼《あきかね》の編著である。したがって、ここに示された説話は鎌倉時代初期までには流布しており、これがベースになって鎌倉時代末までの間に、『太平記』における俵藤太説話のように変形していったと考えられる。『古事談』に「武勇の者」として登場する粟津の冠者が、『太平記』で龍神から山のような財宝を与えられて子孫の将軍補任を約束された俵藤太藤原秀郷に入れ替わったのは、「砂金千両」を施した「鎮守府将軍」清衡（平泉藤原氏）が秀郷流だったからであろう。すなわち、ここにも秀郷流の威勢が秀郷個人に体現されるというパターンを見ることができるのである。ちなみに、平泉藤原氏も自らその武門としての正統性を秀郷に求めていたことは、第六章の3で述べた由利八郎の言説から明らかである。繰り返しになるが、あるいは、平泉藤原氏の黄金期を現出した秀衡の名の「秀」の字は、秀郷を意識してつけられたものであったのかもしれない。

2　奥州信夫郡司佐藤氏

貴族も武士も中世的な「イエ」が形成され、本領・邸宅が嫡系子孫に継承されていく段階に入ると、源・平・藤原などの氏は公式名となり、九条・足利などの名字《みょうじ》（苗字）が併用され、むしろ一般的な呼称として使用されるようになる。こうした名字の成立は十二世紀前半のことと考えられる。名字は邸宅や本領の所在する地名に基づくが、そうではない名字が存在する。それは、その家の始祖の帯した、あるいは世襲した官職の一字と「氏」名である藤原の「藤」をプラスした名字である。これは藤原氏出身の武士の間にのみ見られる現象であり、その成立は十一世紀後半に遡る。また、こうした名字を名乗りながら、一方で地名に基づく名字を名乗り、それがやがて家名として定着するケースも多いから、純粋な名字というより、「二次的な氏名」あるいは「準名字」とでも称すべきものかもしれない。

これらの具体的な事例は諸系図を見れば一目瞭然であるが、記録（公家などの日記）にも、たとえば『小右記《しょうゆうき》』長元元年（一〇二八）七月十九日条に「維衡《これひら》朝臣の郎等二人高押領使・伊藤掾、張本を為す」、『中右《ちゅうゆう》記《き》』寛治六年（一〇九二）二月八日条には「武士の名を問わる。兼貞、字進藤太てえり」、同永久二年（一一一四）二月十二日条には「行重来たりて云わく、強盗左伊藤太を搦め取る也」、また『長秋記《ちょうしゅうき》』天永二年（一一一一）八月二日条には「今日大夫尉重時の進む所の相撲人真俊字武藤太を相具して参司す」とあって、伊藤・進藤・左伊藤（斎藤）・武藤などの名字の成立を知ることができるのである。

前述のように、この現象はすべて武士階層に属する者に見られるのが特徴的で、『尊卑分脈《そんぴぶんみゃく》』によれば、利仁流藤原氏からは加藤（加賀介《かがのすけ》）・後藤・進藤（修理進《しゅりのじょう》）・斎藤（斎宮頭《さいぐうのかみ》）、為憲流藤原氏からは工藤（木工助《もくのすけ》）が出ているが、やはり秀郷流藤原氏が一番多く、武藤（武者所《むしゃどころ》）・佐藤・首藤（主馬首《しゅめのかみ》）・後藤・近藤（近江掾《おうみのじょう》）・尾藤（尾張守《おわりのかみ》）の六流を数える。

佐藤氏の成立が佐渡守公行《きんゆき》の官名に基づくものであろうという推測は、第五章の3で述べ、またその嫡流である紀伊佐藤氏についても概観したところである。そこで、ここでは十二世紀の頃、陸奥国信夫《しのぶ》郡司（大庄司・湯庄司）として平泉藤原政権の一翼をになった信夫佐藤氏について考えてみたい。

管見の限り、信夫佐藤氏の系図には次の三つのものがあるので、左に抄出しておこう。

(c)のみが平泉藤原氏庶流とするが、『尊卑分脈』に清衡の姪が佐藤忠信《ただのぶ》の母であったと傍注されていることからして、姻戚関係を誤ったものであろう。これにたいして(a)・(b)は多少の異同を除いて大筋は一致をみる。しかも、このうち師清《もろきよ》については確実な史料からその実在が確認できるのである。

師清は元永二年（一一一九）正月、出羽権守《ごんのかみ》に任ぜられているが（『除目大成抄《じもくたいせいしょう》』第二）、当時の諸国権守は、成功《じょうごう》の対象として名目のみの場合が多かったから、この補任と奥州下向が直接結びつくかどうかは疑問である。しかし、師清の祖父の世代までは確実に都で検非違使《けびいし》を務めており、系図には見えないが、後述するように、平泉藤原氏基衡の時代に信夫郡司であった季春《すえはる》が基衡にとって「代々伝われる後見」であったというからには、この師清こそ奥州佐藤氏の祖と考えて妥当な存在であろう。おそらく、かれの下向は陸奥国信夫庄（現在の福島市あたり）の庄官として派遣されたことによると思われるが、当時、平泉政権の充実に伴って京下りの吏僚が必要とされる状況の中で、秀郷流という同族意識も手伝って、佐藤氏の奥州土着は平泉政権の支持を背景に行われたものと推察されるのである。

かくして佐藤氏は平泉藤原氏の被官化したのであろう。

系図15　信夫佐藤氏系図

ⓐ『秀郷流系図　結城』（『続群書類従』）

公光―公脩 使・左衛門尉―師清 出羽守―師文 城介―師則 使・左衛門尉―師信―師治―元治 信夫庄司┬継信 三郎兵衛尉
　　　　　　　　　　　　　　　　　　　　　　　　　　　　　　　　　　└忠信 四郎兵衛尉

ⓑ『佐藤系図』（『続群書類従』）

公光 相模守―公仲 使―公輔 佐藤大夫―師清 出羽守―師文 秋田城介―師則 野上連朝臣―師信 鎮守府将軍―師綱 出羽陸奥押領使―元治 信夫庄司┬継信 三郎兵衛尉
　　└忠信 四郎兵衛尉

ⓒ『奥州御館系図』（『続群書類従』）

兼光 鎮守府将軍―正頼 従五位下―経清 号渡権大夫―清衡 奥州御館┬基衡
　　　　　　　　　　　　　　　　　　　　　　　　　　　　　└忠継┬継信 佐藤三郎兵衛
　　　　　　　　　　　　　　　　　　　　　　　　　　　　　　　　└忠信 四郎兵衛

保延五年（一一三九）頃から康治元年（一一四二）まで陸奥守を務めた藤原師綱《もろつな》（小一条左大将済時《なりとき》の六代の子孫）が国内の公田の検注を強行しようとした際、基衡の命により国使の入部を拒否して合戦に及び、その罪を一身にうけて斬刑に処せられた信夫郡司大庄司季春（季治）は、年代からみて師清の子か孫に比定されるであろう。この事件を記す『十訓抄《じっきんしょう》』（下）によると、季春は基衡にとって「代々伝われる後見なる上、乳子《めのとご》（乳兄弟）」であったという。ちなみに、治承・寿永内乱の際、源義経に従った継信《つぐのぶ》・忠信兄弟は、この季春の曾孫くらいにあたるものと思われる。

佐藤氏は奥州の在地勢力の中にあって比較的土着した時期が遅く、家格も高い上に、郡司・庄司の肩書きを持ち、平泉政権の一翼を担って藤原氏の後見の立場にあったのであるから、たとえ庶子であったにせよ、その出身である継信や忠信が一人の郎従も伴わずに義経に従ったとは到底思えない。ちなみに、『平治物語』の現存最古態本である学習院大学図書館蔵本（九条家旧蔵、岩波新日本古典文学大系所収）によると、兄頼朝の挙兵を知った義経は相模の大庭野《おおばの》に陣取った頼朝のもとに参向するが、その際、「八百余騎」の軍勢を引き連れている。これは、佐藤氏の実力に見合う軍勢であって、おそらく佐藤兄弟の引率した武力が義経の直属部隊の中核をなしたに相違なく、したがって、かれらは義経の郎等とは言っても、その身分と実力において千葉氏などの坂東の有力御家人に遜色はなかったものと思われる。かれらは平家追討に活躍する過程で、ともに兵衛尉《ひょうえのじょう》に任官しているが、これは他の義経直属の郎等にはないことで、その傍証となる事実である。

忠信の任官にたいして頼朝は、「秀衡が郎等衛府を拝任せしむる事、往昔よりいまだあらず。涯分（身の程）を計りて坐《おわ》せられよかし。これは猫《いたち》にをづる」と悪口を書きつけているが（『吾妻鏡』文治元年〔一一八五〕四月十五日条）、これは自分の内挙をうけずに任官したことを憤ったためで、たしかに継信・忠信は「秀衡が郎等」であったけれども、かれらの数代前の先祖は中央官人の地位にあったのであり、当時、鎌倉御家人が朝廷から官職を与えられる場合、京都祗候の経歴や家格によって格差がつけられていた事実を考えると、他に比してかれらの兵衛尉任官は決して不穏当とは言えないのである。

なお、明治時代に群馬県佐波郡今井村の赤堀鉊三郎が、秀郷の子孫を称する同家に関わる伝承・系譜類を編集した『赤堀氏旧記』に、祖先伝来の鎧が奥州佐藤家に伝わったということが記録されている。奥州佐藤氏もまた、秀郷流のプライドを負って中世を生きぬいたのであろう。

3　首藤氏

藤の字に官名を冠して「二次的な氏名」を名乗り、比較的史料ののこされている存在として二番目にあげられるのは首藤《すどう》氏である。

十一世紀の後半に都で検非違使として活躍し、晩年に伊豆守に任じた佐藤公清（公成）には資清《すけきよ》（助清）という猶子《ゆうし》があった。この資清が首藤氏の祖である。かれの出自については、『山内首藤氏系図』（大日本古文書『山内首藤家文書』所収）に冷泉朝の左大臣藤原師尹《もろまさ》の血を引くというように記されているが、この説に即して検討すると不合理な点が多く、ここでは本姓守部氏の助清が佐藤公清の猶子になったとする『尊卑分脈』に従っておきたい。師尹《もろただ》の流れをくむとする『山内首藤氏系図』にしても、資清は美濃国席田《むしろた》郡司大和介守部資信《すけのぶ》から所領を譲られて、その養子になったとしているので、守部《もりべ》氏の出身であることは間違いない。

資清がどのような事情から公清の猶子になったのかは明らかでないが、秀郷流藤原氏の嫡流として声望の高い公清の子となることは、武士として身を立てて行く上で好都合であったことは確かである。やがて資清は東宮坊の管下に置かれた主馬署《しゅめのつかさ》の長官である主馬首に任じられた。「首藤」はこの官職に由来する。

『山内首藤氏系図』には資清について、「初めて伊予殿（源頼義）の郎等となる」とあるが、首藤氏と源氏との関係が具体的に知られるのは、かれの子の資通《すけみち》（資道・輔通・助道・佐通）からで、『奥州後三年記』（下巻）に、「藤原の資通は将軍（義家）のことに身したしき郎等なり。年わづかに十三にして将ぐんの陣中にあり。夜ひる身をはなるる事なし」とある。かれは義家から厚く信頼され、康和三年（一一〇一）、義家の嫡子である対馬守義親《よしちか》が鎮西で濫行をはたらいて追討をうけるという事態を招いた時、義家の私命によって義親を召し捕るために鎮西に下っている。しかし、資通は現地に下るとかえって義親に味方して追討の官使を殺害するという事件を引き起こしてしまい、都に送致されて禁獄の処分をうけている。これらの経過は、当時右大臣だった藤原忠実《ただざね》の日記『殿暦《でんりやく》』から知ることができるのだが、そこにかれは「権守輔通」と見える（二月十日条）。この権守については『魚魯愚鈔《ぎょろぐしょう》』巻第四の「諸臨時内給」および巻第八の「諸雑例」の記載から、承徳二年（一〇九八）の春の除目で、当時従五位下の位階を帯していた資通が豊後権守に補任されたことが知られる。ちなみに、かれの子で諸系図に「鎌田権守」と見える通清《みちきよ》についても、『除目大成抄』第一の「臨時給」の記載から、元永二年（一一一九）春の除目において、太皇太后宮（藤原頼通の娘で後冷泉天皇の皇后だった寛子）の御給《ごきゅう》によって河内権守に補任されたことを知ることができる。

ところで、この通清の兄弟の親清《ちかきよ》は、『中右記』大治五年（一一三〇）十一月二十二日条に「北面下《げ》臈《ろう》」、すなわち鳥羽院に祇候する北面の武士として所見し、『長秋記』の同日条によって、かれが馬《うまの》允《じょう》の官職を帯していたことが知られる。かれはこうして院に祇候する一方、摂関家への奉仕も怠りなく、長承二年（一一三三）二月、春日祭の上卿《しょうけい》として奈良に赴いた中納言藤原頼長の行列に乗尻《のりじり》（騎馬で行列の後尾につく役）として供奉したことが『中右記』に見えている。その後、かれの名は『本朝世紀』康治二年（一一四三）四月二十日条に「左衛門少尉藤親清」として所見する。源為義《ためよし》ですら、その極官が検非違使左衛門大尉であったことからもうかがわれるように、当時、都の武士でも衛門府の尉に補任されるのは、軍事貴族出身の有力者に限られていた。したがって、親清は院ないしは摂関家から大きな引級を得ていたのであろう。ちなみに、『山槐記《さんかいき》』久寿二年（一一五五）九月二十三日条に、親清の孫にあたる朝通《ともみち》（馬允親通子）が東宮坊の帯刀《たちはき》に任じられた記事が見えるが、帯刀もまた有力な軍事貴族の子弟が任じられる官職であった。

首藤氏は源頼義の邸に隣接する左女牛《さめうし》西洞院《にしのとういん》に堂を建てたことなど（『発心集《ほっしんしゅう》』第三の三）、源氏との古いゆかりが伝えられている。しかし、右にみたように、十二世紀前半の首藤氏は、自立した都の武者として、一定の家格を保持していたのである。

幕府成立後の中世の武門にとって、その最も正統なる存在としての源氏との譜代的な関係は自家の正統性を主張する根拠となるものであった。親清の甥（通清の子）の鎌田正清《まさきよ》が源義朝の乳兄弟で専一の郎等であったことや、頼朝の乳母《めのと》の一人が山内首藤経俊《つねとし》の母であったことから、後世、首藤氏の

系図16　首藤氏系図

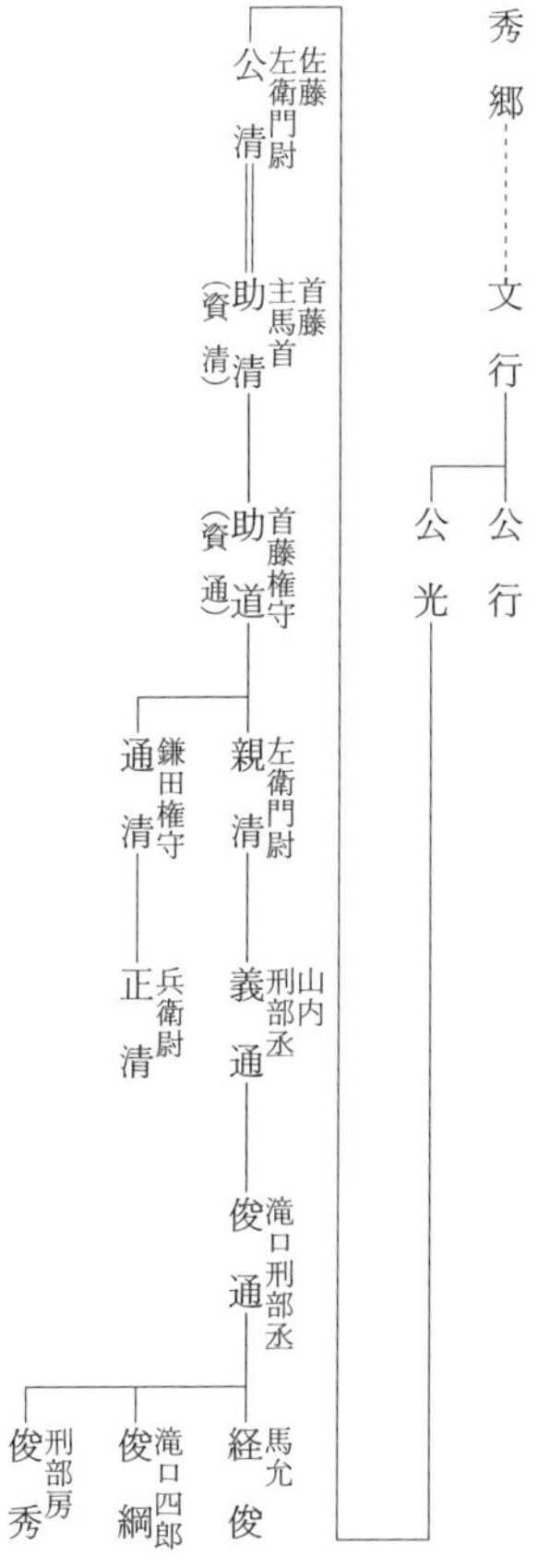

子孫たちは、秀郷流であることよりも、源氏との関係に自家のアイデンティティを見い出していたのではなかろうか。それが系図の記述などに反映しているように思われるのである。

4　波多野氏

波多野氏は相模国余綾《よろき》郡に成立した波多野庄を本拠にした武士団である。『尊卑分脈』によると、その祖は藤原公光《きんみつ》の子経範《つねのり》で、その傍注に「母佐伯氏」とあることから、この経範は『陸奥話記』に源頼義の従兵として登場する「相模国住人」「散位《さんい》佐伯経範」に同定される。しかし、同書において経範が天喜五年（一〇五七）十一月、安倍貞任《あべのさだとう》の陣に突入するに際して、「我将軍に事《つか》えて、すでに三十年を経て、老僕の年すでに耳順に及べり」と述べているのにたいし、その兄弟になる公清が永保元年（一〇八一）に至っても左衛門大夫として活動をみせていることや（『水左記』十月十四日条）、祖父にあたる公行の卒去が長元六年（一〇三三）であることなど、世代的に疑問の余地がある。この点について、湯山学氏は、宝賀寿男編著『古代氏族系譜集成』所収の「佐伯系図」に、経範が源頼信に仕えた佐伯経資の子で、相模守藤原公光の婿となって藤原に改姓したとあることを紹介し、この系図に従えば右の矛盾が氷解することを指摘されている（『波多野氏と波多野庄』）。

こうしてみると、波多野氏も、本来美濃国の在地豪族守部氏の出身であった首藤氏と同様のパターンで秀郷流藤原氏の一門に連なったもののようである。現代に至っても、日本の社会では、男系の血統が「家」を継承する上で第一義的に重要な条件と考えられているが、実は中世前期の武家においては、この点は相対的にルーズで、それは例えば前九年合戦の後、奥羽に覇権をうち立てた清原真衡《さねひら》が、その後継者にわざわざ海道《かいどう》平氏の成衡《なりひら》を招いたという事実からも明らかであろう。

ところで、経範の本拠とした波多野庄は、建長五年（一二五三）の「近衛家所領目録」に「冷泉宮領内」として所見する。冷泉宮というのは、摂関時代、小一条院敦明《あつあきら》親王と左大臣藤原顕光《あきみつ》女延子《のぶこ》との間に生まれ、三条院の猶子となった冷泉宮《れいぜいのみや》儇子《としこ》のことである。波多野庄は、この儇子の所領であったが、それが藤原師実《もろざね》室麗子《よしこ》を経て、永久二年（一一一四）、麗子の孫忠実に伝領されて摂関家領となり、鎌倉時代には近衛家の所領となっていたのである。したがって、「相模国住人」たる佐伯経範は、当時おそらく関白師実室麗子領だった波多野庄の現地管理者の立場にあったのであろう。

系図17　波多野氏系図

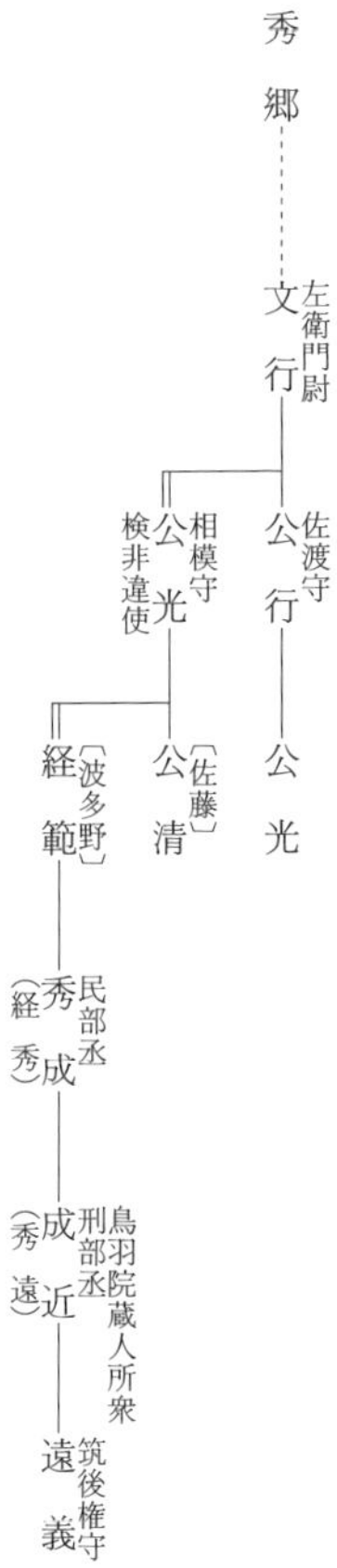

経範の子孫たちは波多野を名乗り、東国の一武士団として発展をとげていくが、その一方で中央への出仕を続け、低いとはいえ一応の官位を得ている。特に、経範の孫秀遠《ひでとお》（成親《なりちか》）は、鳥羽院蔵人所に所衆《ところのしゅう》として仕えたばかりではなく、『千載《せんざい》和歌集』（巻第十三　恋歌三）に、

鳥羽院の御時、蔵人所に侍りける時、女に替りて詠める　藤原成親
枯れはつる小笹が節を思うにも少かりけるよゝの月かな

との歌をのこす教養人であった（久保田淳・松野陽一校注『千載和歌集』作者略伝）。秀遠の子の遠義《とおよし》も崇徳《すとく》天皇の所衆として出仕し、天治元年（一一二四）四月二十三日の伊勢初斎宮御禊《ごけい》（斎宮が賀茂川で行なった祓の儀式）の際、供奉人の中にその名を連ねている。なお、『秀郷流系図　波多野』（『続群書類従』）は、遠義の子で足柄上郡河村郷を本拠とした秀高《ひでたか》を智（知）足院家勾当《こうとう》・簡衆《ふだしゅう》としているが、波多野氏の摂関家との関係や中央出仕の実績からみて事実とみてよいであろう。

遠義の嫡子義通《よしみち》が、保元の乱で源義朝《よしとも》に属し、合戦の後、敵側に立った義朝の幼い弟たちを舟岡山で涙ながらに斬首したことはよく知られている。『保元物語』で、義通（古活字本には延景《のぶかげ》とある）は鎌田正清とならぶ義朝の有力家人として活躍を見せるので、前九年合戦における佐伯経範以来、波多野氏は源氏と譜代的な主従関係を保っていたとする見方が一般である。しかし、『吾妻鏡』治承四年

（一一八〇）十月十七日条には「義通、妹公の好につき、はじめて左典厩（左馬頭＝義朝）に候ずるのところ」と明記されていて、実は義朝と義通妹との婚姻が波多野氏の義朝への服属の契機であったことがわかる。さらに『吾妻鏡』は、保元三年（一一五八）の春、義通は義朝と不和になり、にわかに京都を離れて波多野庄に居住したことを記している。

義通の妹の産んだ朝長《ともなが》は、保元元年には左兵衛尉に任じ、平治の乱の起こる頃には従五位下中宮少進の官位を帯していた。三浦義明《よしあき》の娘の生んだ義朝の長男義平《よしひら》が無位無官の状態であったのと対照的であり、朝長の官位獲得は母方の波多野氏の支援によるところが大きかったのであろう。このようなことからも、義通妹と義朝との婚姻は、譜代の家人が主君に娘を差し出すというような種類のものではなかったと考えられる。

また、波多野氏について注目されるのは、伊勢国内に所領を有していた形跡のあることである。その具体的な場所は不明だが、義通の遺領を継承した二男忠綱《ただつな》や養子義職《よしもと》（実は外孫で伊勢守光定《みつさだ》の子）の子義定《よしさだ》は度会《わたらい》郡中島を本拠としていたらしい。波多野氏は、この伊勢の所領を、東国との中継基地としての機能も併せもつ経済基盤として、京都に出仕したのであろう。

秀郷流の武芸故実が、実は京都において成立したものであったことは第六章で述べた。文治四年（一一八八）四月、鶴岡臨時祭で行なわれた流鏑馬において、波多野義通の孫にあたる有経《ありつね》（有常）が「曩祖（藤原秀郷）に恥じざる達者」という賞賛を浴びることができたのは、ひとえに波多野氏の京都

表4　波多野氏一族の発展

世系	所領	位階・官職・その他
○遠義		従五下・筑後権守
○遠義─○義通（波多野）	余綾郡波多野郷	従五下・母鎮守府将軍師綱女
○遠義─○義通─○義経	足上郡松田郷	右馬允・母中河辺清兼女
○遠義─○義通─○忠綱	伊勢国内	従五下・中務丞・母宇都宮権守宗綱女
○遠義─○義通─義行		建春門院判官代・蔵人・源頼行養子
○遠義─○義通─経因		十禅師内供
○遠義─○義通─高義（大槻）	波多野庄大槻村	
○遠義─○義通─○実方		
○遠義─○義通─○実方─○実高		左衛門尉
○遠義─○義通═義職（元）		従五下・伊勢権守・美福門院蔵人・歌人
○遠義─○義通═義職─女子		歌人・続後撰和歌集作者
○遠義─○義通═義職─○義定	伊勢国内	刑部丞・治承三年正月参高倉院蔵人所・歌人
○遠義─○秀高（河村）	足上郡河村郷	従五下・山城権守・知足院関白勾当・同家簡衆・歌人
○遠義─○秀高─則実（柳川）	足上郡柳川	
○遠義─○秀高─○義秀（河村）	足上郡河村郷	
○遠義─○経家（大友）	足上郡大友郷	
○遠義─○経家─○女子		掃部頭（中原）親能室

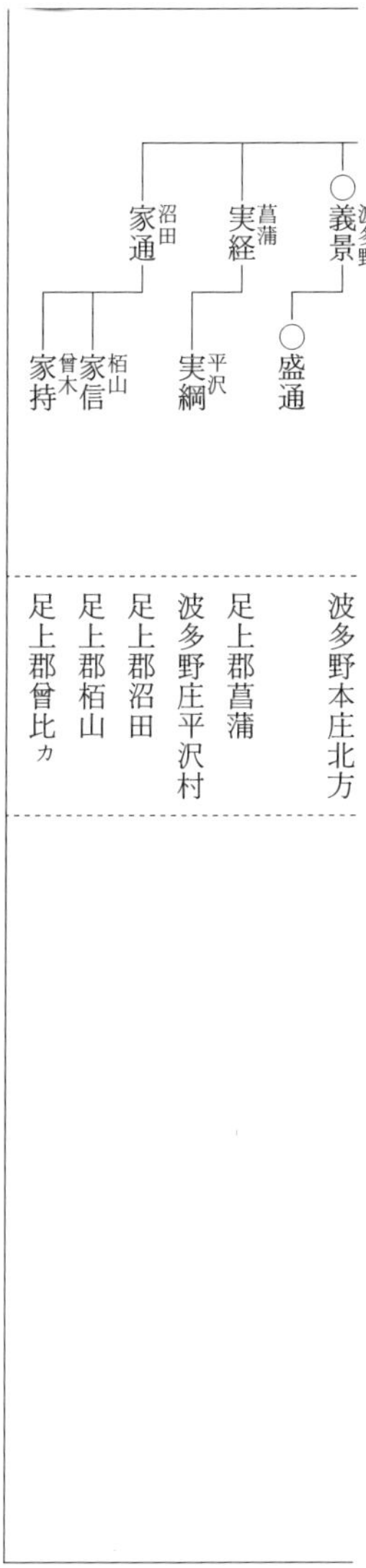

（『尊卑分脈』および『続群書類従』第六輯下所収波多野氏関係系図により作成。○は『吾妻鏡』に所見あるもの）

における武官としてのキャリアに負うものだったのである。

波多野氏の一族には名に「秀」の字を用いる者が多いが、これは英雄的祖先としての秀郷を意識してのことであろう。また、『続群書類従』所収の『秀郷流系図　結城』には、秀郷について「始領相州田原。号田原藤太」と記すが、この相州田原は波多野庄田原郷をさすと考えてよく、これも波多野氏が秀郷流の正統を主張した痕跡と見ることができる。

元暦元年（一一八四）二月二十五日、源頼朝は後白河院にたいして「畿内近国、源氏平氏と号して弓箭に携わるの輩ならびに住人」を、平氏追討使である自分の代官として派遣した弟義経の下知に従わせるように要請している（『吾妻鏡』）。「源氏平氏と号して弓箭に携わるの輩」の文言が示すように、当時から源平を出自とすることが武士の指標とされていたことが知られよう。しかし、それゆえにこそ、秀郷流藤原氏を称する武士団は、秀郷に表象される「武芸」と「鎮守府将軍」のアイデンティティを強く自己主張したものと思われる。それは、平泉の藤原秀衡や波多野氏ばかりでなく、承久《じょうきゅう》の乱における京方の総大将藤原秀康《ひでやす》らにも見られるように、しばしばかれらの名に「秀」の字が用いられていることからも看取されよう。

文治三年（一一八七）十一月、武蔵国菅谷館《すがやのたて》に引き籠もった畠山重忠が叛逆を企てているという風聞が鎌倉に達した。このとき、その実否を確かめるために、秀郷流で武芸の達者として聞こえた下河辺行平が重忠のもとに遣わされた。頼朝に疑念をもたれたことを恥じて自殺しようとした重忠を、行平は見事に説得して鎌倉に同道するのだが、その時の行平の言葉に「貴殿は将軍の後胤なり、行平は四代将軍の裔孫なり」というフレーズがあった（『吾妻鏡』二十一日条）。当時の武士たちは、このような血統に基づく名誉感情に支配されて生きていた。言い換えれば、英雄的な祖先に規定されて存在していた。そのことをよく示すエピソードである。

一方、鎌倉幕府体制下において秀郷流藤原氏嫡流の地位を確立した小山氏が、右のような伝統的遺産とともに、下野国衙における軍事警察権の行使者としての立場を秀郷以前にまで遡って主張することによって、下野守護としての地位を確立したことも忘れてはなるまい（第一章の5参照）。南北朝期に至って、この小山氏が鎮守府将軍家として脚光を浴びたことは第六章の3で述べたが、これに連動するかのように武門としての秀郷流の評価も高揚したようである。

日本六十余州に、弓矢をとって藤原と名のる家、おそらくは秀郷の後胤たらぬはなかるべし。いかめしたりしためし也。

『俵藤太物語』の最後の一節である。

八　俵藤太説話の形成

1 『俵藤太物語』の構成

現在、巷間に流布している藤原秀郷のイメージは、室町物語の一つ『俵藤太物語《たわらのとうだ》』によって完成されたものである。その内容を分析することによって、歴史上の藤原秀郷が説話の世界の英雄「俵藤太」に造形されていく過程をもう一度考えてみたい。

まず、『俵藤太物語』の内容を上巻・中巻・下巻に分けて記す（新日本古典文学大系『室町物語　下』に収録された田嶋一夫校注『俵藤太物語』による）。

（上巻）

朱雀院の時、従五位上村雄朝臣の嫡男で田原の里に住み、田原藤太秀郷と呼ばれる勇士がいた。あるとき、藤太は父から先祖藤原鎌足より相伝された黄金づくりの太刀を与えられたが、それ以来、手柄をたてることが多く、下野国に恩賞を賜って下向することになった。その頃、近江国勢《せ》田《た》橋に大蛇が横たわって貴賤の通行を妨げることがあった。これをあやしく思った藤太は、勢田の橋におもむいて、大蛇を踏んで平然と通りすぎた。その夜、美女（龍神の化身）が藤太の宿所を訪ずれ、三上山のむかで退治を依頼する。藤太はこれを引き受けて重代の太刀を佩き、五人張りの弓に十五束三伏《そくみつぶせ》の矢三本をもって三上山に向かい、見事に巨大なむかでを射止めて、刻んで捨てた。翌朝女があらわれて、むかで退治の礼として藤太に巻絹、首を結んだ俵、赤銅の鍋を与える。俵は米を取り出しても尽きることがなく、このことから藤太は「俵藤太」と呼ばれるようになった。その後、月の明るい夜更けに女があらわれて、藤太を湖水の中にある龍宮に伴って饗応する。ここで龍王は「御身の子孫のために、かならず恩を謝すべし」といって藤太に黄金札《こがねざね》の鎧、黄金作りの太刀を与え、「これで朝敵を滅ぼして将軍に任ずるように」という。さらに、釣鐘を取り出して「日本国の宝になし給え」と秀郷に与える。

（中巻）

藤太は鎧と剣は武士の重宝として子孫に伝え、釣鐘は「三井寺の鎮守新羅《しんら》大明神は弓矢神であるから子孫の武芸を祈るべし」という父村雄のすすめに従って三井寺に寄進することにし、子の千常にその旨を三井寺の長吏大僧正に伝えさせた。三井寺では壮大な鐘供養が行なわれる。やがて下総の平将門が反逆を起こして平新皇を称し、日本国の主となろうとした。藤太は将門が大剛の勇士で猛勢の軍を率いているので、同心して日本国を半分得ようと思い対面する。しかし、将門が軽率な人物であることに落胆し、すぐに上洛して将門追討の宣旨を受け、三井寺の弥勒菩薩《みろくぼさつ》と新羅大明神に祈願して再び東国に下る。

（下巻）

藤太は平貞盛軍と合流して将門と戦うが、あまりにも超人的な将門の姿に正面からの戦いではかなわないと判断して、謀り討ちをしようと思い、将門にへつらってその館に起居することになる。そこで上臈《じょうろう》の女房小宰相《こざいしょう》に恋して契り、将門の姿は七体に見えても本体にしか影がないこと、こめかみが急所であることを聞き出し、ついに将門を射殺する。将門の首を持って上洛した藤太は、恩賞として従四位下に叙されて武蔵・下野両国を賜って子孫は将軍に任じた。藤太の男子は小山の次郎、宇都宮の三郎、足利の四郎、結城の五郎など数十人に及び、子孫は大いに繁昌したが、これもひとえに龍神の応護によるものであった。かくして、日本六十余州に弓矢をとって藤原と名乗る家におそらくは秀郷の後胤でないものはないということになった。

上巻は藤原秀郷の出自にはじまって、むかで退治と龍宮伝説が語られる。中巻では秀郷が龍王から与えられた釣鐘を三井寺（園城寺）に寄進したことから三井寺の縁起が語られ、ついで謀叛をおこした平将門の討伐に秀郷が赴く話に転じるが、下向の際、戦勝祈願に三井寺に立ち寄ったことが重要なテーマになっている。下巻は宰相局との恋をからめつつ、秀郷が知略をもって超人的な将門を射ち倒し、子孫が繁栄するという武勇譚で構成されている。

これらは、すでに出来上がっていた説話をたくみに接合し、それにいくつかの別の情報を付け加え、さらに脚色を加えて完成されたものといえる。すなわち、上巻は、別系で古態を示す金戒《こんかい》光明寺蔵絵巻三軸（古態絵巻）や『太平記』巻十五・三井寺合戦并当寺撞鐘事付俵藤太事に見えるむかで退治譚をベースにして、冒頭に秀郷の素性の紹介を加えており、中巻は三井寺草創縁起と平将門の謀叛と秀郷がその追討に向かうまでの物語が語られるが、前者は明らかに『古事談』第五の龍宮の釣鐘が三井寺に施入された説話が取り入れられており、後者には、将門が烏帽子もつけずに大わらわで対面し、食事の際に衣服のうえに落とした食物をみずから払い拭ったという『源平盛衰記』巻第二十二・俵藤太将門中違事の話や『平家物語』巻五・五節之沙汰に見える将門追討軍の故事が挿入されている。下巻の将門討伐譚は、将門の不死身説話、七人将門譚など多くの伝承を含み、しめくくりに、この物語が完成した時点における秀郷流藤原氏の隆盛を誇らしげに語っている。

2　俵藤太秀郷の造形

『俵藤太物語』は、あくまでも説話・伝承をベースに娯楽を目的に書かれた物語文学ではあるが、所々に個別的な形で必要以上に正確な歴史的事実が組み込まれていることに気が付く。

たとえば、むかでを退治した秀郷にたいして龍神が謝恩として鎧と太刀を与え、「この鎧を召し、この剣を持って、朝敵を滅ぼし、将軍に任じ給うべし」と言っているにもかかわらず、最終的に秀郷本人は将軍になったとは述べず、従四位下武蔵守・下野守と記す。これは明らかに『扶桑略記』の記事に基づいており、上巻冒頭の秀郷の系譜に関する記述とともに、この物語の作者がこのような史料を参照し得る立場にあったことを示す。また、中巻には秀郷の子千常も登場しているが、これらのことは、この物語の作られた時代の鎮守府将軍家としての秀郷流藤原氏にたいする関心の高まりを反映するものであろう（第六章の3参照）。

『俵藤太物語』などの説話の世界における秀郷は、武士として活躍した秀郷の子孫たち（秀郷流藤原氏）の行動を集約して造形された側面をもつ。秀郷は『将門記』に「古き計の厳しき所」の「兵」として描かれてはいるが、特に個人として特別武芸にすぐれていたというような記述はない。ところが鎌倉幕府草創期の頃には、弓馬の達人として東国の御家人たちから崇敬の対象になっていた。これは坂東の英雄平将門を討った立役者としての評価のうえに、かれの子孫たちが衛府に出仕して武芸を極めたことによるものであった。

また、秀郷が龍宮から持ち帰ったという園城寺の鐘の話は、奥州平泉藤原氏の祖清衡が園城寺に献納した金の一部で鐘を購入したという事実に対応するし、中世、三上山の所在する近江国野洲《やす》郡の隣郡である蒲生《がもう》郡を領した蒲生氏は秀郷流藤原氏を称している。ちなみに、蒲生氏は秀郷伝説の流布に大きな役割をはたしており、陸奥盛岡藩主南部利直《なんぶとしなお》の室は蒲生氏郷《うじさと》（織田信長・豊臣秀吉に仕えて、陸奥会津若松九十一万九千石余の大大名になった）の養女であったために「むかで姫」と呼ばれ（今野慶信《こんのよしのぶ》氏の教示による）、また、瀬田川の畔の龍王宮に秀郷が祀られたのは寛永年中（一六二四〜一六四四）蒲生忠知《ただとも》（氏郷の孫）が、この地を過ぎた際に参拝して以来のことといわれる（『近江輿地志略』）。

ところで、近江の蒲生といえば、元暦元年（一一八四）三月、京都感神院《かんじんいん》の所司たちが同社領近江国蒲生保が上野国住人の讃岐四郎大夫なる武士に押領されたことを訴えた文書がのこっている（『平安遺文』四一四五号）。この「讃岐四郎大夫」は上野の住人ということから、秀郷流足利氏一門の同国佐《さ》貫《ぬき》庄（群馬県明和村大佐貫）を本拠とする佐貫四郎大夫広綱《ひろつな》に同定される。かれは、平家追討軍にしたがって西上した際に、このような実力行使を行なったのであるが、注目したいのは、同文書に広綱が蒲生保を「私領と号して」押領したとあることである。十一世紀の前半、都で軍事貴族として活動していた秀郷流の頼行や公行がしばしば近江との間を往復していたこと、公行の甥で「小藤太」と称された高年なる者が同国甲賀郡に居住していたことは第五章の2・3で述べたところであるが、秀郷流藤原氏と近江の国の関係は意外に古く深いものがあり、それが俵藤太の説話に反映したとみることもできよう。

ちなみに、佐貫広綱は治承四年（一一八〇）平家打倒の兵をあげた以仁王《もちひとおう》・源頼政の追討の際、官軍に属して宇治川の先陣をきった足利又太郎忠綱《ただつな》の配下にあった。忠綱が『吾妻鏡』に超人的な勇士として伝えられていることは第六章の3で述べた。その後、本国に下向した忠綱は、寿永二年（一一八三）二月、下野野木宮《のぎのみや》合戦で源氏方の小山氏に敗れ、上野国山上郷龍奥に潜伏した後、山陰道をへて西海方に赴いたと伝えられるのであるが、おもしろいことに、近江の瀬田から南下して禅定寺《ぜんじょうじ》峠を越えたところにある田原郷（京都府宇治田原町）に、かれの墓と称するものがある。秀郷が田原藤太とされたのと同様に、忠綱も「田原又太郎」と呼ばれているが、これは忠綱と秀郷のイメージの習合によるものであろう。

秀郷流藤原氏が十一世紀初めの頃まで代々鎮守府将軍に任じており、十二世紀後半には平泉藤原氏の秀衡もこれに補されていることも説話上の秀郷の造形を考える上で重要である。中世の人々（とりわけ西国・京都）の人々の意識を踏まえると、悪鬼のごとき平将門を討ち果たし、蝦夷・東夷に対峙する鎮守府将軍に歴代が任じた秀郷流藤原氏こそ、異類退治者・異界訪問者としてふさわしいといえるからである。

都人にとって秀郷は、東山の将軍塚に祀られたと伝承される坂上田村麻呂と同じ役割を期待された境界の番人であり、近江から宇治を経由して都に通じる交通の要衝に位置する田原の地は、その本拠地として仮託するのに実に適切な場所であった。実際、承久の乱に際して、東夷たる幕府軍の進攻にたいして京方は勢多橋を最大の防衛拠点とし、三千の大軍を配置して北条時房《ときふさ》軍をはばんだ。しかし、田原道を通って宇治に向かった北条泰時《やすとき》軍が宇治川の渡河に成功したことによって京方の敗北が決定

図19　京都西山から望見の三上山（八田正文氏撮影）

したのであった。

このように考えると、物語の「大むかで」が都人に脅威を与える東方の異類、東夷を象徴するものであったことは明らかであろう。天候に恵まれれば京都西山の小塩山《おしおやま》のあたりから東山、そして山科《やましな》盆地と滋賀県大津市を画する山々の向こうに三上山を望むことができる（写真家八田正文氏の教示による）。その姿は「近江富士」の異名にふさわしく秀麗であるが、一面不気味なほどに猛々しくも見え、都をうかがう東の異類の牙城にたとえるにふさわしい様相を呈しているのである。

しかし、プロローグに述べたように、実在の藤原秀郷については、近江との関係も、かれが「田原藤太」とよばれたことも確認することができない。平将門をかれが討ったという事実、そして鎮守府将軍を歴任し、「都の武者」として辟邪＝境界の番人の任にもあたったかれの子孫たち、北面の武士として武芸を磨いた佐藤氏や異界の黄金郷である奥羽の統治者となった平泉藤原氏、これらのイメージが重なり合って、「俵藤太秀郷」は誕生したのであろう。

3　秀郷の遺品と史跡の創作

今日に伝わる秀郷の伝承遺品や史跡は栃木県佐野市・田沼町、群馬県赤堀町、三重県四日市市、滋賀県大津市などに集中している。

佐野市・田沼町は中世から近世初頭にかけて佐野氏の所領に属した。赤堀町は室町時代に伊勢国で活動する赤堀氏の本貫地で、伊勢赤堀氏一族は現在の四日市市域に所領を有していた。大津市は、俵藤太伝説の舞台となった瀬田（勢多）橋の所在地で、橋のたもとにある秀郷社が近世初頭に蒲生氏によって造営されたものであることなどは前述した。蒲生氏同様に佐野・赤堀氏が秀郷流藤原氏の出自を称する武家であることは言うまでもない。今日に伝わる秀郷の伝承遺品や史跡の多くは、かれらが自らの武門としての正統性を示す証拠として付会・創作されたものなのである。

秀郷流足利氏の一族で、現在の佐野市・田沼町・葛生《くずう》町などに展開した下野国佐野庄を本拠とした佐野氏は、俵藤太秀郷が龍王から与えられたと伝承される「避来矢《ひらいし》」と呼ばれる大鎧を相伝したという。この鎧は近世初頭まで佐野氏の居城唐沢山《からさわやま》城内の春日神社に安置されていたが、慶長十九年（一六一四）、佐野氏が改易されたのち、各地を転々とすることになり、江戸で火災にあったために、現在では兜鉢《かぶとばち》（鉄十五枚張星兜鉢）や壺板《つぼいた》などの金属部分のみをのこすばかりである（唐沢山神社蔵）。しかし、秀郷の時代にまでは遡らないものの、各部分に平安時代の古態をよく観察することができ、国の重要文化財に指定されている。

群馬県桐生市は十二世紀に秀郷流足利氏の支配した地域であるが、市内梅田の皆沢集落に鎮座する八幡宮は、平家滅亡後にこの地に落ち延びて戦死した「田原又太郎忠綱」の霊を鎮撫するために建立されたとされ、背面に「天文十二年」の墨書のある忠綱の像といわれる神像が伝えられている。前述したように、この田原又太郎忠綱は治承四年（一一八〇）の宇治川合戦で先陣をきった実在の勇将足利又太郎忠綱をベースに俵藤太と習合して造形された人物で、山城国田原郷には墓所も営まれている。ちなみに、『続群書類従』所収の『佐野系図』は、忠綱の遺跡は佐野氏が相続したとしている。「避来矢」が俵藤

図20　鉄十五枚張星兜鉢（伝，藤原秀郷所用　唐沢山神社蔵）

藤姓足利一族の佐野家に伝えられた「避来矢」（ひらいし）と呼ばれた鎧についていたが，この鎧は江戸時代に火災にあって焼けこわれた．12世紀の作と考えられる．

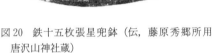

太の龍宮訪問の物語を前提に伝えられていることや、神像の制作年代を考えると、これらの遺品にまつわる伝承は、佐野氏が戦国大名としてもっとも勢力を伸ばした時期に、秀郷流の武門としての正統性を示すために創作・流布されたものと解される。

赤堀氏も足利忠綱を直接の先祖と称し、伊勢赤堀一族（田原一族）の浜田氏の居城址に建つ鵜森《うのもり》神社には、俵藤太秀郷がむかで退治の褒賞として龍王から与えられたという兜（鉄十六間四方白星兜鉢）が伝えられている。この兜はその由来から御神体と同様に崇敬の対象となっており、毎年の秋祭りには社殿に飾られ、祈願すると龍神の力で雨雲があらわれたといわれている。これも秀郷の時代よりはるか後世（鎌倉時代）のものであるが、国指定の重要文化財になっている。また、現在神宮徴古館に所蔵されている伝藤原秀郷所用の毛抜型太刀（赤地錦包毛抜型太刀）も、浜田氏の子孫が「伊勢の御文庫」に献納あるいは神宮に売却したというもので、これも国の重要文化財である。ちなみに、連歌師宗牧が天文十三年（一五四四）から翌年にかけて、京都から東海道を江戸にくだる道中を記した『東国紀行』には、秀郷が龍宮から持ち帰った太刀を前に、伊勢赤堀一族が先祖祭祀を行ない、その場に宗牧が同席したことが述べられている。

ところで、毛抜型太刀は衛府太刀とも呼ばれる武官の太刀である。毛抜型太刀は十世紀中葉に成立したと考えられており、この赤堀氏伝来の太刀が秀郷所用のものとはいえないにせよ、秀郷流藤原氏の武芸が衛府の武芸を前提にしているという事実に整合する遺品とみることはできるのである。

4　秀郷の評価

実在の藤原秀郷が果たした歴史的役割は、天慶三年（九四〇）四月、平将門を討ったということに尽きる。これによって秀郷は一躍、従四位下下野守に叙任され、中央軍事貴族としての地位を確立することになる。

将門追討以前の秀郷はどんな存在だったのか。延喜十六年（九一六）八月、政府は「罪人」藤原秀郷とその一族与党十八人を流刑《るけい》に処するように下野国司に重ねて命じている。その十三年後の延長七年（九二九）五月、今度は下野国司の方が政府にたいして、秀郷の濫行を止めるために同国のみならず近隣諸国の人兵を動員するための官符を請求している。

もともと秀郷も一歩間違えば将門と同じ末路をたどりかねない存在だったのである。そして、延喜十六年の配流が行われた形跡がなく、延長七年の騒擾の後もかれがその勢力を保持している背景として、中央の有力権門とのつながりが想定される。将門の場合も藤原忠平を私君と仰いでいた。本書で私は秀郷の本主を源高明《たかあきら》と推定した。

秀郷は魚名流藤原氏の出で、曾祖父の藤成のときに下野国と関係を持ち、子孫は代々現地の有力者と婚姻関係を結んで同国の在庁官人として活動していた。これは、九世紀から十世紀の頃のことだが、ちょうどこの時代の東国は俘囚の叛乱、ついで群党蜂起が頻発し、これらの鎮圧のために、中央からさかんに、軍事にすぐれた王臣貴族が鎮守府将軍や国司などとして配置されていた。藤原利仁《としひと》や平高望《たかもち》らがその代表的存在だが、秀郷の祖父や父もその同類であったようだ。このような存在は「地方(辺境)軍事貴族」とよばれるが、かれらは群党鎮圧を進める過程で自らがそれに同質化して、たがいに対立抗争を繰り広げるようになる。たとえて言えば、江戸時代に見られる「二足の草鞋《わらじ》」をはいた親分の拡大版のような軍事的実力者が各地に割拠することになったのである。かれらは中央の有力権門と癒着することによって、ときに紛争を引き起こしても巧みに追及を逃れていた。将門も秀郷もそんな存在であった。

秀郷と将門は同一の社会基盤に立ちながら、結果的にまったく逆の立場に立つことになったのである。そのような秀郷の在り方は、その後の日本中世における武家の棟梁の地位に続くものであった。その意味で、秀郷こそ中・近世における武門の祖といえる。わずかな確実な史料に即して、実在した秀郷に歴史的な評価を加えると以上のようなことになるであろう。

人物の評価ということになると、再三述べてきたように『将門記』の記事から深慮遠謀のイメージが浮かび上がる。いわゆる英雄豪傑とは異なったタイプの、およそ後世の日本人に礼賛される武勇一点張りの武士とは一線を画した冷徹な人物。実在の秀郷を、私はそのようにとらえている。

エピローグ

今日までに伝えられた俵藤太藤原秀郷は、実在した平将門追討の立役者たる藤原秀郷にその子孫の活動と、むかで退治や龍宮の物語などの説話が付加されて造形されたものであった。したがって、実在した藤原秀郷と説話世界の俵藤太秀郷は峻別すべきものである。日本史辞典の藤原秀郷の項目に「通称は俵藤太」と書くのはやめなければならない。

しかし、俵藤太秀郷は、歴史的事実の上からは中世前期における秀郷流藤原氏の活動総体を反映した存在と見ることができ、これは「武士論」や「軍制史」研究の格好の素材といえる。また、歴史学の立場から「俵藤太」の形成を分析することは、中世における日本人の武士認識やひろく精神世界全般を理解する上で大きく資するところがあるだろう。

その意味からすれば、藤原秀郷については、実像に迫ることよりも、説話増幅の過程を追及することに意義があるのかもしれない。髙橋昌明氏の『酒呑童子の誕生』や保立道久氏の『物語の中世』といったすぐれた業績を指針に、この問題に取り組むべきであったかもしれないが、それは現在の私の能力の及ぶところではない。

最近、現代に至っても日本社会の精神的なアイデンティティに大きな影響を及ぼしている聖徳太子《しょうとくたいし》が、実は後世に造形された存在であったという指摘がなされている。実在した厩戸王《うまやどおう》に、律令制の秩序の根本にありうべき皇帝像を示すというイデオロギー的な意図をもって創作された神聖な政治思想家聖徳太子が仮託されていたというのである（大山誠一『聖徳太子の誕生』吉川弘文館、一九九九年）。これには異論も多いのであるが、今日一般に流布している聖徳太子像の多くの部分が後世の所産であることをあらためて確認させた点で意味深いものであり、「和」に象徴されるこれまでの日本社会の伝統的秩序が聖徳太子によって権威づけられ正当化されていたことを考えると、歴史学の世界にとどまらず、ひろく企業・地域・学校などの社会集団に与える衝撃はひとかたならぬものがあるのではないかと思われる。

同じように、「俵藤太秀郷」も、藤原秀郷という実在の人物に、俵藤太というむかで退治の英雄が仮託された存在といえる。ただ、聖徳太子と異なるのは、それが藤原秀郷自身の平将門追討という歴史的役割を前提にしていることと、あからさまなイデオロギー的意図にもとづいて一時的にそれが行なわれたのではないということである。

しかし、鎌倉幕府御家人の武士としての正統性を表示するために頼朝が行なった秀郷故実の奨励、南北朝期における鎮守府将軍にたいする評価の高揚や近世初頭における蒲生《がもう》氏による秀郷流の武門としての自己主張に見られるように、やはり俵藤太秀郷のイメージの造形にも政治史的に見逃し得ない側面がある。この過程で秀郷は神に通ずる弓射の達人としての地位を確立し、平家や源氏に先行する偉大なる将軍の家の祖として崇められることになったのである。あるいは蒲生氏郷《うじさと》の陸奥《むつ》会津若松移封も、その決定に際して、蒲生氏が北の押さえとしての鎮守府将軍の家系であることが想起されたのかもしれない。

さらに、近代に至って秀郷を国体護持の英雄神に持ち上げようとする動きが、栃木県や全国の秀郷の末裔を称する人々の中からわき起こったことがある。それは、明治十四年（一八八一）頃のことで、中心になったのは当時日本赤十字社の社長をつとめていた佐野常民《つねたみ》であった。かれらの目的は秀郷を顕彰し、秀郷を祀る唐沢山《からさわやま》神社の別格官幣社昇格にあった。ところが、ここに一つの問題が起こる。すなわち、秀郷が一時将門に同意しようと考えてかれに面謁したというのは忠臣の行為とは認められぬというのである。これにたいして佐野は決してそうではないと主張して譲らず、十数年にわたって弁解につとめたので、伊藤博文・大隈重信といった元勲たちも、これには辟易してとうとう神社昇格が実現したのだという（赤城宗徳『将門地誌』）。

それにしても、今もって秀郷を先祖として思慕・敬愛する人たちは全国におよぶ。秀郷の本拠地を自認する栃木県の佐野市では毎年八月に「さの秀郷まつり」が行なわれ、当地の夏の風物詩になっているし、むかで退治の舞台となった滋賀県大津市でも秀郷の人気は未だにおとろえない。瀬田橋の東詰に鎮座する瀬田橋龍王宮社（橋守《はしもり》神社）には秀郷社が合祀されている。実在の秀郷を離れてひとり歩きをはじめた俵藤太は、今に至っても確実に人々の心をとらえているのである。

図 21　藤原秀郷誕生地碑（陸軍大将荒木貞夫筆　群馬県千代田町所在）

図 22　唐沢山神社拝殿

系図18　秀郷流藤原氏系図（『尊卑分脈』をベースに、本論の考察に基づいて一部修正・補足して作成）

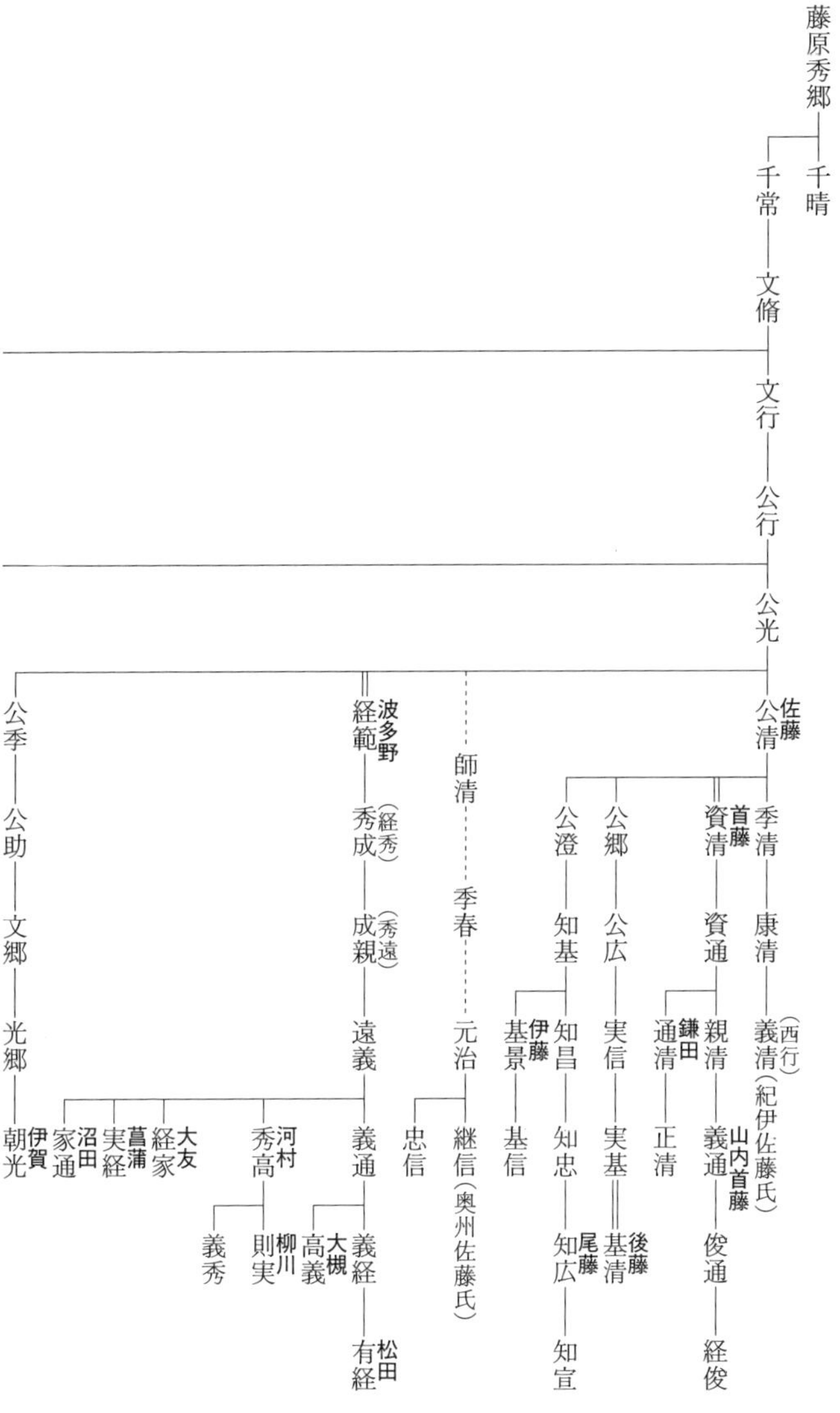

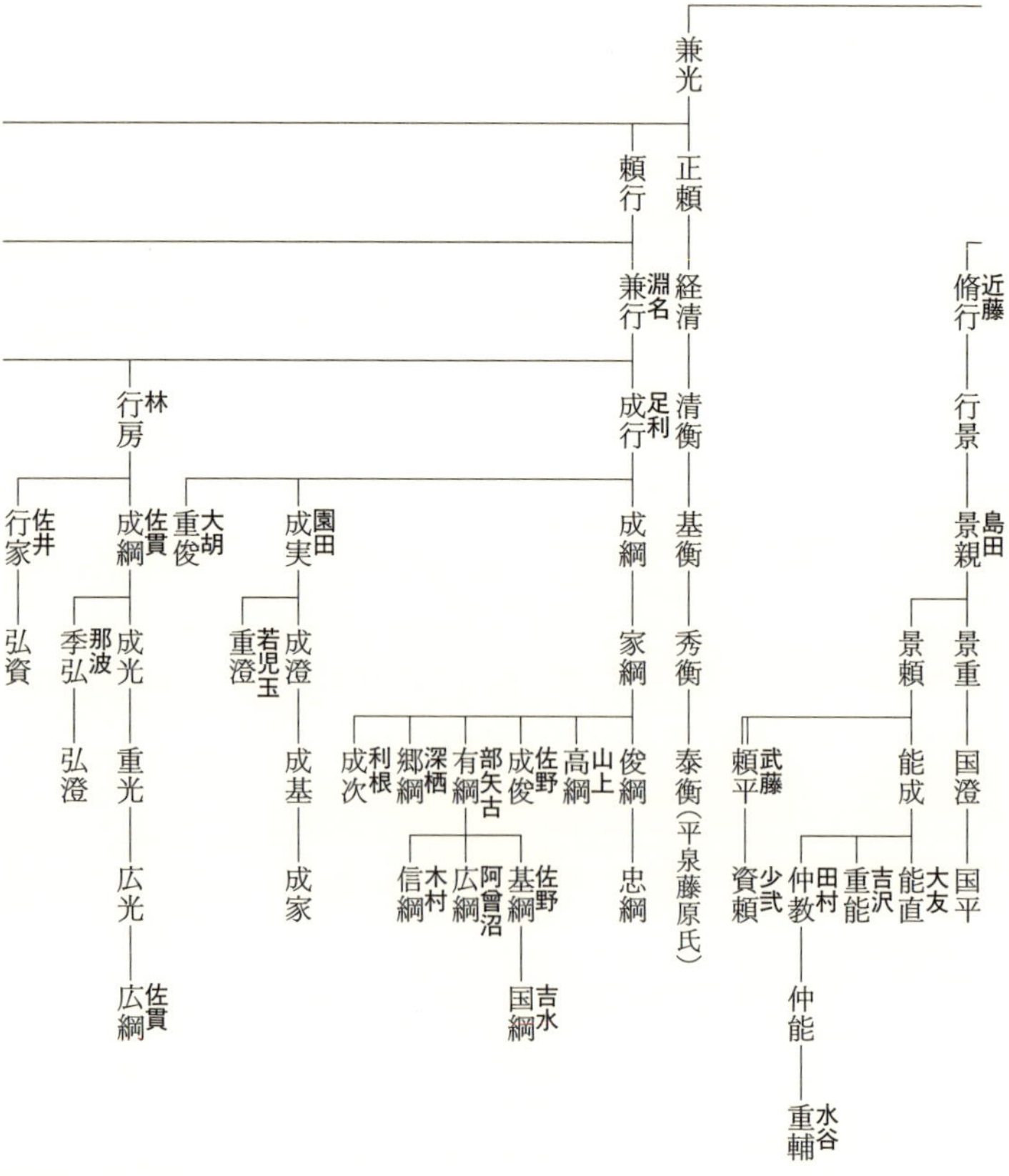
兼光
正頼
経清
清衡
基衡
秀衡
泰衡(平泉藤原氏)
頼行
淵名 兼行
足利 成行
成綱
家綱
俊綱
忠綱
山上 高綱
佐野 成俊
部矢古 有綱
佐野 基綱
吉水 国綱
阿曾沼 広綱
木村 信綱
深栖 郷綱
利根 成次
園田 成実
成澄
成基
成家
若児玉 重澄
大胡 重俊
林 行房
佐貫 成綱
成光
重光
広光
佐貫 広綱
那波 季弘
弘澄
佐井 行家
弘資
近藤 脩行
行景
島田 景親
景重
国澄
国平
景頼
能成
大友 能直
吉沢 重能
田村 仲教
仲能
水谷 重輔
武藤 頼平
少弐 資頼

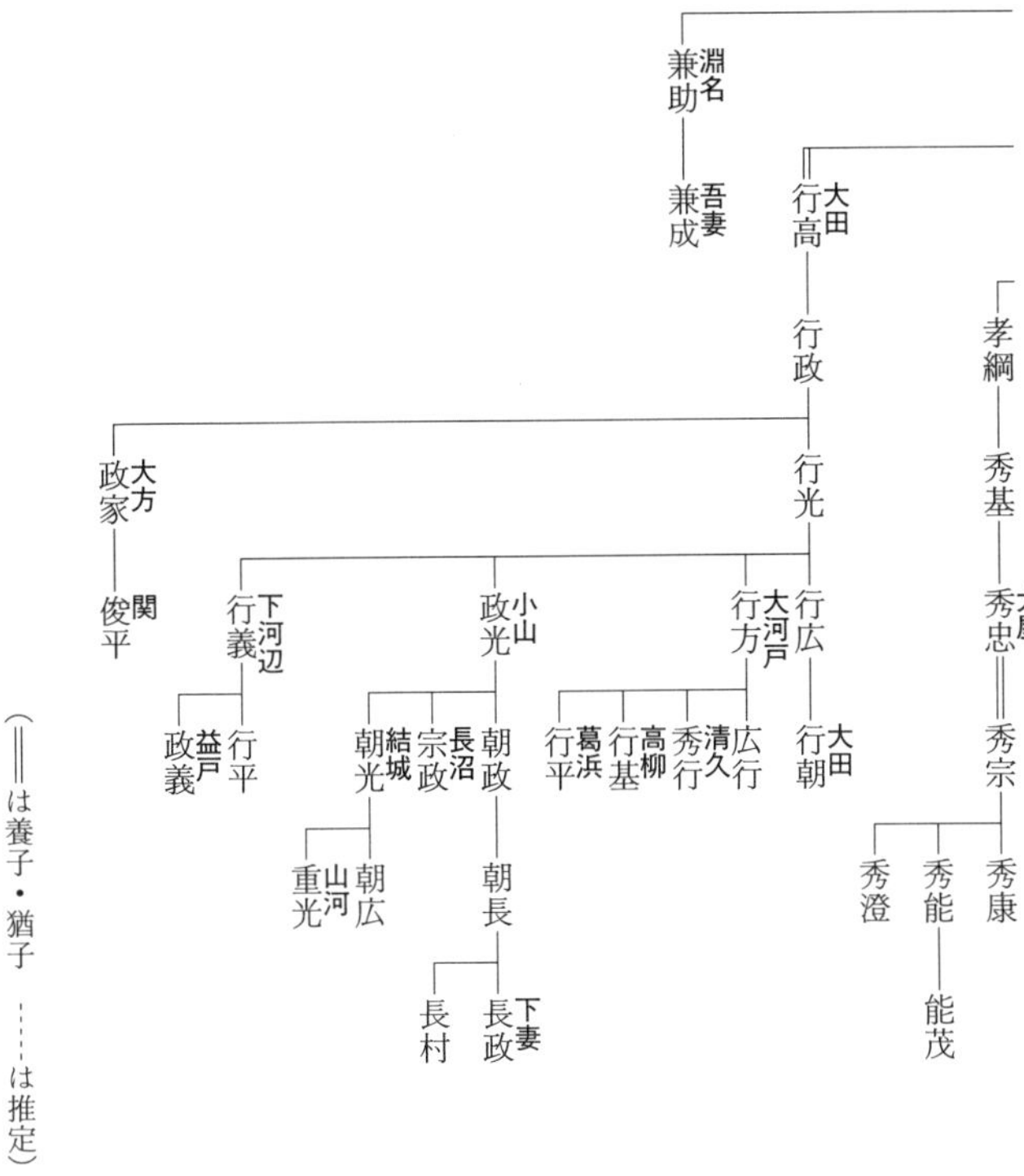
淵名
兼助
吾妻
兼成
大田
行高
行政
大方
政家
関
俊平
行光
下河辺
行義
益戸
政義
行平
小山
政光
結城
朝光
長沼
宗政
朝政
山河
重光
朝広
朝長
長村
下妻
長政
大河戸
行方
葛浜
行平
高柳
行基
清久
秀行
広行
行広
大田
行朝
孝綱
秀基
大屋
秀忠
秀宗
秀澄
秀能
秀康
能茂
（‖は養子・猶子　……は推定）

略年譜（藤原秀郷生存期間前後の事件、及び十一世紀までの秀郷流藤原氏に関する主な所見）

年次	西暦	事項
宝亀 八	七七七	正月、藤原黒麻呂が上総介から上総守に昇任される。
延暦二一	八〇二	坂上田村麻呂が胆沢城を築き、ここに鎮守府を移す。
弘仁 元	八一〇	六月、藤原黒麻呂が死去する。
二	八一一	十月、桓武天皇の皇子葛原親王が上野国利根郡長野牧（群馬県利根郡月夜野町ヵ）を賜る。
一三	八二二	五月、従四位下伊勢守藤原藤成が卒する。
天長 三	八二六	九月、親王任国制度が創設される（上総・常陸・上野の三ヶ国では親王が太守に補任され、介が受領となる）。
嘉祥 元	八四八	三月、上総国で俘囚丸子廻毛らが反逆する。
仁寿 三	八五三	この頃、「孫王」や東国の国司たちが、美濃国を通って、ほしいままに畿外に出入りする。
天安 元	八五七	正月、源興が相模守に任じる（その後、十人の嵯峨・仁明系の賜姓源氏がほぼ連続して相模守・権守に任じる）。
貞観 三	八六一	十一月、武蔵国が「凶猾党をなし、群盗山に満つるなり」という状況にたち至ったため、郡ごとに一人の検非違使を置く。
八	八六六	九月、応天門の変。
九	八六七	十二月、上総国に検非違使を置く。
元慶 元	八七七	三月、従四位上右兵衛督兼相模守藤原良尚が卒する。
八	八八四	八月、政府が上総国内の浪人をすべて追放する命令を下す。
仁和 二	八八六	六月、陸奥・出羽・大宰府管内の警固を厳重にする。〇八月、安房・上総・下総の治安を強化する。
寛平 元	八八九	五月、高望王らの皇孫が平姓を賜る。〇この年、平将門が生まれたと伝えられる。

	二	八九〇	八月、藤原良尚の蔭子六人が、先祖の私業藻原・田代両庄を興福寺の諸聖衆供料および維摩会料の荘園として施入する。○この年、平高望が上総介として下向したと伝えられる。
	三	八九一	九月、同十一日付の格に、畿外に居住する百姓たちが源・平・藤原などの貴姓を僭称する「冒名仮蔭」が問題になっていることが記される。○この頃、地方に留住した王臣貴族が、現地で新たな婚姻関係を結び、その子孫の家系を形成する。
	五	八九三	三月、同十六日付の「太政官符」に甲斐・武蔵・信濃・上野等国御牧使として嵯峨源氏の右馬助源悦が所見する。
	六	八九四	九月、遣唐使の発遣を停止する。
昌泰	二	八九九	九月、相模国足柄坂、上野国碓氷坂に関を設置する。
延喜	元	九〇一	正月、菅原道真を大宰権帥に左遷する。
	六	九〇六	九月、鈴鹿山の群盗十六人を誅殺する。
	九	九〇九	七月、下総守菅原景行が国内騒乱の過状を進上する。
	一四	九一四	藤原利平（利仁ヵ）が鎮守府将軍に任じて赴任する。
	一五	九一五	二月、上野介藤原厚載を殺害した基宗らが武蔵国で捕らえられる。
	一六	九一六	八月、政府が罪人藤原秀郷、同兼有、高郷、与貞ら十八人の流罪を再度下野国司に命じる。
	一九	九一九	五月、武蔵国が前武蔵権介源任の乱行（武蔵守高向利春を攻めようとして官物を運び取り、官舎を焼き、国府を襲撃）を政府に報告する。
延長	七	九二九	五月、下野国が秀郷の濫行を言上したため、政府はその糺明のために、同国のみならず近隣諸国から「人兵」を差し向けることを指示した官符五通を作成する。
承平	五	九三五	二月、平将門が常陸国筑波・真壁・新治三郡に進攻して前常陸大掾源護子息扶・隆らを討ち、それを助けた伯父国香を殺す（平将門の乱はじまる）。○十月、平将門が常陸国新治郡川曲村で叔父良正の軍を破る。
	六	九三六	七月、平将門が平良兼の軍を下野国府に包囲する。○十月、平将門が源護の訴えによって上

		洛する。
承平 七	九三七	五月、平将門が朱雀天皇元服の大赦によって帰郷する。○八月、平将門が良兼と合戦し敗れる。○十二月、平良兼が将門の石井営所を夜討ちしたが撃退される。
天慶 元	九三八	二月、平将門が東山道を上洛しようとした平貞盛を信濃国まで追跡する。○十一月、伊豆国の申請により、平将武（将門の弟）の追捕を命じる官符を駿河・伊豆・甲斐・相模国に下す。
二	九三九	二月、政府が平貞盛の訴えによって平将門を召喚する。○同月、平将門が武蔵国司と足立郡司武蔵武芝との紛争を調停するために武蔵国に出兵する。○三月、武蔵介源経基が、上洛して平将門および武蔵権守興世王の謀叛を訴える。○同月、太政大臣藤原忠平の使者が経基の告発の実否を調査するために下向する。○四月、出羽国から俘囚の叛乱が報告される。○五月、平将門が常陸・下総・下野・武蔵・上野の解状をもって謀叛の無実を言上する。○六月、平良兼が死去する。○同月、平貞盛が将門召喚状を持って坂東に下る。○八月、尾張国から国守藤原共理が射殺されたことが報告される。○十月、平貞盛が陸奥守平維扶の赴任にしたがって陸奥に入ろうとしたが、将門に追われて果たさず。その後、常陸介藤原維幾を頼る。○十一月、常陸国司と対立する土豪藤原玄明を援助する平将門が常陸国衙を攻略し、印鎰（国印と倉の鍵）を奪って常陸介藤原維幾を捕える（私闘から公然たる国家に対する叛乱へ）。○十二月、平将門が下野の国府を制圧し、国の印と鎰を奪う。ついで上野の国府に入って上野介藤原尚範を追放し、自ら新皇と称し、坂東の国守を任命する。
三	九四〇	正月、政府が在地武力を将門追討に起用することを策して「官軍の黠虜」の中に憂国の士を求め、「田夫野叟」の中に忘身の民を求め、官田功爵をもって殊功の輩を遇する旨の官符を東海・東山道諸国に下す。○同月、政府は東国の掾（押領使・追捕凶賊使）に藤原秀郷・平公雅ら在地における軍事的実力者八人を起用する。○同月、参議藤原忠文を征東大将軍に補任する。○同月、遠江・伊豆国から駿河国の群党蜂起のことが報告される。○二月、下野

		掾・押領使藤原秀郷が平貞盛らとともに四千余人の兵を率いて将門の軍を破り、将門は矢に当たって討死する。○三月、秀郷から将門誅殺の報告が都に届く。○同月、将門追討の功によって藤原秀郷を従四位下に、平貞盛を従五位上に叙す。○四月、常陸国からの飛駅が故平将門の弟将種と彼を婿とする陸奥権介伴有梁が謀叛を起こしたことを伝える。○同月、将門の首級を携えた秀郷の使者が京都に到着し、首は東市に梟される。○同月二十五日に藤原秀郷が鎮守府将軍に任じたことが近世に成立した『結城系図』などに所見する。○十一月、軍功により藤原秀郷が下野守に任じられる。
天慶　四	九四一	五月、藤原純友が大宰府を虜掠したという報を得た政府が、その対応の一環として、右近馬場において「滝口中戸諸家ならびに貞盛朝臣兵士」の閲兵を行なう。
天暦　元	九四七	二月、平貞盛が鎮守府将軍に在任。○閏七月、藤原秀郷が権中納言源高明を通して、平将門の兄弟が謀叛を起こそうとしているという情報を政府に奏上する。
天徳　二	九五八	二月、藤原秀郷が卒去したと伝えられる。
応和　元	九六一	五月、源満仲、武蔵権守に在任。
康保　四	九六七	六月、村上天皇崩御の際、藤原千晴が源満仲とともに固伊勢関使に任命される。
安和　元	九六八	八月、政府が前相模権介藤原千晴および前武蔵権介平義盛の罪状の調査と尋問を行なわせる。○九月、義盛の側に非があったという判断を下す。○十二月、信濃国が千晴の弟千常の乱を奏上する。
二	九六九	三月、前相模介藤原千晴とその息子久頼および随兵らが、検非違使源満季によって検挙・禁獄される。左大臣源高明を大宰権帥に左遷することが決まる（安和の変）。○四月、藤原千晴が隠岐国に流刑となる。政府は下野国に官符を下して秀郷の子孫に教喩を加えるように命じる。
天禄　元	九七〇	正月、『結城系図』などに藤原千常が鎮守府将軍に補任されたことが所見する。
二	九七一	十月、源高明を召還させる。

天延	元	九七三	四月、強盗が源満仲の宅に放火する。
天元	元	九七八	（あるいは翌年の）正月、藤原千方が鎮守府将軍に補任されたことが諸系図に所見する。
	二	九七九	五月、下野国が前武蔵介千常・源肥らが合戦におよんだことを解文をもって言上する。
寛和	元	九八五	平繁盛（貞盛の弟）が、その従兄弟にあたる陸奥介平忠頼・忠光兄弟を訴えたため、忠頼らの追討を命じる官符が東海・東山両道に下される。
永延	二	九八八	十月、藤原文脩が、皇太后宮詮子に任料として摂政藤原兼家の六十歳の賀料を納めたことによって鎮守府将軍に補任される。
長徳	元	九九五	六月、大宰府は異国襲来に備えるため、対馬国に文章生出身の大監平中方（貞盛流）を差し遣わすことを政府に申請する。
	二	九九六	四月、藤原伊周を大宰権帥に、同隆家を出雲権守に左遷する。
	三	九九七	二月、源満政が武蔵の治国の功によって従五位上に昇叙される。〇四月、藤原伊周・隆家を許して帰京させる。〇この年、源満仲が死去する。
長保	元	九九九	藤原致忠が前相模介橘輔政の男を射殺して佐渡に流される。
	五	一〇〇三	この年のはじめ頃、平維良が下総国の府館を焼き、官物を掠奪したかどで、押領使藤原惟風の追捕をうけて越後国に逃走する。
寛弘	元	一〇〇四	十月、前将軍藤原兼光が藤原道長に馬三疋を献じる。
	三	一〇〇六	六月、左衛門尉藤原文行と帯刀平正輔が闘諍事件を起こし、文行は検非違使庁に拘禁される。
	四	一〇〇七	六月、藤原頼行が、金峰山参詣のための長斎（長期間の精進・潔斎）を行なった藤原道長にしたがって精進所に籠もる。
	五	一〇〇八	正月、前将軍藤原兼光が藤原道長に馬五疋を献じる。
長和	元	一〇一二	閏十月、鎮守府将軍藤原兼光が藤原道長に馬二疋、鵰羽等を献じる。
	二	一〇一三	正月、将監藤原頼行が粟田口で敵に矢を射られる。
	三	一〇一四	二月、平維良が藤原道長の邸におもむき、馬二十疋・鷲羽・砂金などを献じて将軍重任の任

			符を望む。〇十二月、右近将監藤原頼行が、山科で三位中将（藤原能信）の従者を射殺する。
	四	一〇一五	十一月、将監藤原頼行が近衛府から吉田祭使を命じられたために、遠国より帰洛する。
寛仁	三	一〇一九	三月、刀伊が九州に襲来する。
治安	二	一〇二二	正月、藤原頼行が鎮守府将軍に補任される。〇十月、陸奥国御馬交易使左馬允藤原行則（行範）が、交易の馬二十疋を進める。
万寿	元	一〇二四	三月、鎮守府将軍藤原頼行の口入によって上道久頼が鎮守府軍監に補任される。〇十月、藤原行範が壱岐守に任じられる。
	四	一〇二七	二月、前佐渡守藤原公行が、逢坂関山に於いて群盗に矢を射られて負傷する。〇十一月、鎮守府将軍藤原頼行が軍監上道久頼の贖労料として馬二疋を右大臣藤原実資に献じる。
長元	元	一〇二八	六月、前上総介平忠常の追討を命じる。〇八月、藤原公行が仁王会の堂童子を勤める。〇九月、筑前国高田牧から運上された上馬を淀川川尻で強奪した犯人藤原高年（近江国甲賀郡の住人）が、伯叔父にあたる前佐渡守藤原公行の京都三条の宅に隠れる。
	三	一〇三〇	六月、平忠常の乱の収拾のため、藤原兼光に忠常の在所を申させたらどうかという意見が後一条天皇から下される。
	四	一〇三一	四月、平忠常が甲斐守源頼信に降伏する。〇六月、平忠常に同意しているという風聞のあった藤原兼光が出家をとげたという情報が京都に伝わる。〇同月、藤原公行が除目に際して相模守の申文を提出したが補任されず。〇閏十月、伊勢国における平正輔・致経の私闘が裁かれる。
	六	一〇三三	五月、同月一日に藤原公行が卒去する。
	八	一〇三五	七月、藤原行範が女性に関係した事件で左衛門府の弓場に拘禁される。
	九	一〇三六	藤原公光が左兵衛権少尉に在任する。
長久	二	一〇四一	三月、学生藤原行善の奉った試（文章生を採用するための式部省試であろう）及第のための申文が極めて異例な内容であったことが問題となる。

寛徳	二	一〇四五	十月、荘園整理令（寛徳荘園整理令）が出される。〇藤原公清が右兵衛少尉に任官する。
永承	二	一〇四七	二月、二十一日付「藤氏長者宣」に、藤原公光が検非違使として、また、藤原正頼が地方居住の藤原氏一門として所見する。
天喜	元	一〇五三	この年、陸奥守源頼義に鎮守府将軍を兼ねさせる。
	三	一〇五五	三月、後冷泉天皇の滝口に祇候した源初が、源斉頼の郎従として所見する。
	五	一〇五七	七月、源頼義が安倍頼時を討つ。
康平	五	一〇六二	九月、源頼義が安倍貞任を討つ。
治暦	四	一〇六八	十一月、検非違使藤原公清が、大嘗会叙位の際に従五位下に叙せられる。
延久	元	一〇六九	二月、寛徳二年以後の新立荘園の停止を命じる。〇閏十月、記録荘園券契所を設置する。
永保	元	一〇八一	十月、藤原公清が「左衛門大夫公清」と所見する。
	三	一〇八三	九月、陸奥守源義家が任地に赴く。
応徳	三	一〇八六	十一月、白河天皇が譲位し、院政をはじめる。
寛治	元	一〇八七	十二月、源義家が清原家衡・武衡を金沢柵に討つ。
	五	一〇九一	十一月、奥州の藤原清衡が関白師実に貢馬する。
	六	一〇九二	六月、陸奥守藤原基家が清衡に挙兵の企てのあることを訴える。

主要参考文献

一　史　料

林陸朗校註『将門記』（新撰日本古典文庫2）　現代思潮社　一九七五年
山岸徳平ほか『古代政治社会思想』（日本思想大系第8巻）　岩波書店　一九七九年
　『将門記』を収める
岩井市史編さん委員会『平将門資料集』（岩井市史別編）　岩井市　一九九六年
埼玉県『新編埼玉県史　資料編4』（古代2　古文書・記録）　埼玉県　一九八三年
栃木県史編さん委員会『栃木県史　史料編　古代』　栃木県　一九七四年
財団法人千葉県史料研究財団『千葉県の歴史　資料編　古代』　千葉県　一九九六年
東京帝国大学文学部史料編纂所『大日本史料』第一編之六～八　一九二八～一九三三年
　延長五年十一月から天暦元年五月までの史料を収める
阪倉篤義ほか校注『今昔物語集　本朝世俗部二』（新潮日本古典文学集成　第二九回）　新潮社　一九七九年
　巻第二十五「平将門、謀反を発し誅せらるる語、第一」、同「平維茂、藤原諸任を罰つ語、第五」を収める
後藤丹治ほか校注『太平記　二』（日本古典文学大系第35巻）　岩波書店　一九六一年
横山重・松本隆信編『室町時代物語大成　第九』　角川書店　一九八一年

金戒光明寺蔵『俵藤太草子』を収める
市古貞次ほか校注『室町物語集　下』（新日本古典文学大系55）
岩波書店　一九九二年
『俵藤太物語』を収める
小林保治校注『古事談』上・下（古典文庫）　現代思潮社　一九八一年
新訂増補国史大系『尊卑分脈　第二篇』　吉川弘文館　一九七四年
秀郷流藤原氏の系図を収める
『群書系図部集　第五』　続群書類従完成会　一九七三年
小山・結城・波多野氏など秀郷流諸家の系図を収める
ほかに秀郷流藤原氏の系図は『系図纂要』などにも収録されている
久保田淳・松野陽一校注『千載和歌集』　笠間書院　一九六九年
波多野氏一族の詠歌を収める
『改訂史籍集覧　第十四冊』　近藤出版部　一九〇二年
蒲生氏郷の伝『氏郷記』を収録する
『近江輿地志略』寒川辰清編　享保十九年（一七三四）刊
改訂校注宇野健一『新註近江輿地志略　全』弘文堂書店（大津市）、一九七六年に翻刻されている

このほか、記録（日記）・典籍（編纂物）は『大日本古記録』（岩波書店）、『史料大成』（臨川書店）、『新訂増補国史大系』（吉川弘文館）などに収録されている。また、雲住寺蔵版「俵藤太略縁起」・「近江八景之図」・「俵藤太百足之由来」は、建部大社・雲住寺・竜王宮から一九九八年に発行された『瀬田の唐橋と

周辺』に収録されている。

二　著書・論文等

赤城　宗徳『将門地誌』　毎日新聞社　一九七二年
浅香　年木『治承・寿永の内乱論序説　北陸の古代と中世　2』　法政大学出版局　一九八一年
熱田公・元木泰雄『多田満仲公伝』　多田神社　一九九七年
荒木　博之「稲荷と餅と鉄と」（『朱』第三七号）　一九九四年
市沢　　哲「南北朝内乱期における天皇と諸勢力」（『歴史学研究』六八八号）　一九九六年
伊藤　喜良『日本中世の王権と権威』　思文閣出版　一九九三年
井上　満郎『平安時代軍事制度の研究』　吉川弘文館　一九八〇年
入間田宣夫「中尊寺造営にみる清衡の世界戦略」（『宮城歴史科学研究』第四二号）　一九九七年
上横手雅敬『日本中世政治史研究』　塙　書　房　一九七〇年
榎本　千賀「埼玉県における平将門と藤原秀郷伝説」（『熊野誌』第四十号）　一九九四年
太田　　亮『姓氏家系大辞典　第一〜三巻』　角川書店　一九六三年
小笠原好彦編『勢多唐橋　橋にみる古代史』　六興出版　一九九〇年
小川　　信「下野の国府と府中について」（『栃木史学』第二号）　一九八八年
朧谷（鮎沢）寿「摂関家と多田満仲」（古代学協会編『摂関時代史の研究』）　吉川弘文館　一九六五年
加藤　友康「上総国藻原荘について――「施入帳」の検討を中心として――」（『千葉県史研究』第3号）　一九九五年

「角川日本地名大辞典」編纂委員会編『角川日本地名大辞典 9 栃木県』 角川書店 一九八四年
川合 康「奥州合戦ノート――鎌倉幕府成立史上における頼義故実の意義――」（樟蔭女子短期大学紀要『文化研究』第三号） 一九八九年
川合 康「武家の天皇観」（永原慶二ほか編『講座・前近代の天皇 4』） 青木書店 一九九五年
熊谷 公男「「受領官」鎮守府将軍の成立」（羽下徳彦編『中世の地域社会と交流』） 吉川弘文館 一九九四年
群馬県立歴史博物館第65回企画展『伝説の将軍藤原秀郷――武者と物怪の物語――』展示図録 二〇〇〇年
米谷豊之祐『院政期軍事・警察史拾遺』 近代文芸社 一九九三年
近藤 好和『弓矢と刀剣 中世合戦の実像』 吉川弘文館 一九九七年
佐伯有清ほか『研究史 将門の乱』 吉川弘文館 一九七六年
坂本 賞三『日本の歴史8 摂関時代』 小 学 館 一九七四年
笹山 晴生『日本古代衛府制度の研究』 東京大学出版会 一九八五年
佐藤和彦・樋口州男編『西行のすべて』 新人物往来社 一九九九年
佐藤 圭「永承二（一〇四七）年における五位以上の藤原氏の構成」（『年報中世史研究』第8号） 一九八三年
下向井龍彦「国衙と武士」（岩波講座『日本通史』第6巻） 一九九五年
新川 武紀『下野中世史の新研究』 ぎょうせい 一九九四年
鈴木 哲雄「将門の乱から鎌倉武士へ――坂東の風景から――」（網野善彦ほか編『都市鎌倉と坂東の海に暮らす』）（中世の風景を読む 2） 新人物往来社 一九九四年

鈴木　英夫「国司が開発した藻原荘――初期荘園の成立」（千葉県高等学校教育研究会歴史部会編『史料が語る千葉の歴史60話』）　三　省　堂　一九八五年
須藤聡・簗瀬大輔「秀郷流赤堀氏の伝承と資料の調査」（『群馬県立歴史博物館紀要』第20号）　一九九九年
高崎　正秀「唱導文芸の発生と巫祝の生活――（俵藤太物語を中心として）――」（『国学院雑誌』第三八巻第四～八・一〇号）　一九三二年
高田　実「一〇世紀の社会変革」（歴史学研究会・日本史研究会編『講座日本史』第2巻）　東京大学出版会　一九七〇年
高橋　富雄『奥州藤原氏四代』　吉川弘文館　一九五八年
高橋　富雄『武士道の歴史　一巻』　新人物往来社　一九八六年
高橋　富雄『征夷大将軍――もう一つの国家主権――』中公新書　一九八七年
高橋　昌明「将門の乱の評価をめぐって」（『文化史学』第二六号）　一九七一年
高橋　昌明『酒呑童子の誕生――もうひとつの日本文化――』中公新書　一九九二年
高橋昌明・山本幸司編『武士とは何だろうか「源氏と平氏」再考』（朝日百科日本の歴史別冊8）　一九九四年
高橋　昌明『武士の成立　武士像の創出』　東京大学出版会　一九九九年
高橋　昌明「説話の奥行きを探る――利仁征新羅将軍説話を素材として――」（神戸大学文学部『五十周年記念論集』）　二〇〇〇年
瀧浪　貞子『日本の歴史5　平安建都』　集　英　社　一九九一年
竹内　理三「将門の乱と古代の終焉」（杉原荘介・竹内理三編『古代の日本　第7巻　関東』）

竹内　理三『律令制と貴族政権　第II部』　角川書店　一九七〇年
竹内　理三『古代から中世へ　下』　御茶の水書房　一九五八年
土田　直鎮『日本の歴史5　王朝の貴族』　中央公論社　一九六五年
戸田　芳実『初期中世社会史の研究』　東京大学出版会　一九九一年
栃木県史編さん委員会『栃木県史　通史編2　古代二』　栃木県　一九八〇年
栃木県立博物館／(財)栃木県文化振興事業団『栃木をひらく――平成の発掘から――／開発と埋蔵文化財』
（第62回企画展　特別企画展　発掘された日本列島'98地域展図録）　一九九八年
栃木孝惟編『軍記文学の始発――初期軍記――』軍記文学研究叢書2　汲古書院　二〇〇〇年
豊田　武『英雄と伝説』塙新書　一九七六年
野口　実『坂東武士団の成立と発展』　弘生書林　一九八二年
野口　実『鎌倉の豪族I』　かまくら春秋社　一九八三年
野口　実「棟梁の条件」（『日本歴史』第五三三号）　一九九二年
野口　実「平安期における奥羽諸勢力と鎮守府将軍」（角田文衞先生傘寿記念会編『古代社会の諸相』）
晃洋書房　一九九三年
野口　実『武家の棟梁の条件――中世武士を見なおす』中公新書　一九九四年
野口　実『中世東国武士団の研究』　高科書店　一九九四年
野口　実「南家黒麻呂流藤原氏の上総留住と「兵家」化」（『政治経済史学』第三六三号）　一九九六年
野口　実「中世成立期における武蔵国の武士について――秩父平氏を中心に――」（『古代文化史論攷』第

一六号）　一九九七年
野口　実「国家と武力――中世における武士・武力――」（『歴史評論』五六四号）　一九九七年
八田正文『近江富士遊々　八田正文写真集』　サンライズ出版　二〇〇〇年
林　陸朗編『論集　平将門研究』　現代思潮社　一九七五年
兵藤裕己「歴史としての源氏物語――中世王権の物語――」（『源氏研究』第3号）　一九九八年
平林章仁『橋と遊びの文化史』　白水社　一九九四年
福田豊彦『平将門の乱』岩波新書　一九八一年
福田豊彦編『承平・天慶の乱と都』週刊朝日百科日本の歴史59　一九八七年
福田豊彦「将門伝説の形成」（大隅和雄編『鎌倉時代文化伝播の研究』）　吉川弘文館　一九九三年
福田豊彦『東国の兵乱ともののふたち』　吉川弘文館　一九九五年
福田豊彦『中世成立期の軍制と内乱』　吉川弘文館　一九九五年
福田豊彦「将門の道――情報の処理とその伝達を中心に――」（塚田孝編『歴史の道・再発見　第2巻　東海道をあるく』）　フォーラムA　一九九七年
平凡社地方資料センター編『日本歴史地名大系　第九巻　栃木県の地名』　平凡社　一九八八年
保立道久「律令制支配と都鄙交通」（『歴史学研究』第四六八号）　一九七九年
保立道久「古代末期の東国と留住貴族」（中世東国史研究会編『中世東国史の研究』）　東京大学出版会　一九八八年
保立道久『物語の中世――神話・説話・民話の歴史学――』　東京大学出版会　一九九八年
毎日新聞宇都宮支局編『下野の武将たち』　落合書店　一九七八年

松本　一夫「小山政光の立場――平安末期東国豪族領主に関する一考察」（『史学』第六五巻第三号）　一九九六年
目崎　徳衛『西行の思想史的研究』　吉川弘文館　一九七八年
目崎　徳衛『西行』　吉川弘文館　一九八〇年
元木　泰雄『武士の成立』　吉川弘文館　一九九四年
湯山　学「一つの願文――西行の父祖――」（史正会創立十周年記念論文集刊行委員会『日本古代・中世史論集』）　一九八〇年
湯山　学『波多野氏と波多野庄――興亡の歴史をたどる』　夢工房　一九九六年
横浜市歴史博物館・（財）横浜市ふるさと歴史財団埋蔵文化財センター編『兵の時代――古代末期の東国社会――』　横浜市歴史博物館・（財）横浜市ふるさと歴史財団埋蔵文化財センター　一九九八年
若尾　五雄『黄金と百足――鉱山民俗学への道』　人文書院　一九九四年

あとがき

本書は、はじめ実在の藤原秀郷の伝記として企画されたものであった。しかし、秀郷に関する史料は、平将門の乱に関するものも含めてきわめて乏しい。そこで、秀郷の生きた時代の東国社会など周辺の問題に視野を広げて、その一生を再構成するという方法を考えた。だが、ここ十年以上の間、十二世紀から十三世紀の前半を研究の守備範囲にしている私には、それもまた困難なことであった。一方、秀郷の歴史的評価は、将門の乱を鎮圧した実在の姿からよりも後世に造形されたイメージ、すなわち弓馬の芸の達人としての「秀郷将軍」や大むかでを退治した「俵藤太秀郷」の中にこそ見いだされるように思われた。そこで、近年の職能論的な武士論や地域史研究、国文学の研究成果を取り込みながら執筆を続けることにした。それにしても、本業の武士論からのアプローチにはどうにか手がかりをつかめても、伝説の形成過程を解明していくのは私の手に余る作業であり、何度か断念を考えたこともあった。

そのようなとき、群馬県立歴史博物館で第六五回企画展として開催されたのが「伝説の将軍　藤原秀郷—武者と物怪の物語—」（会期二〇〇〇年四月二十九日〜六月十八日）である。これは三年にわたる基本史料調査を前提にしたものだけに、藤原秀郷および秀郷流藤原氏をあらゆる方向から照射した素晴らしい展覧会であった。私は関連行事として五月十四日に開かれた歴史トーク「秀郷流武士団とは何だったのか―史実と伝承―」にお招きをうけ、翌日、展覧会の企画担当者である簗瀬大輔氏の御案内で群馬県から栃木県にかけての秀郷関連の史跡を見学する機会に恵まれた。そのインパクトは大きく、また展覧会の図録や博物館の紀要に掲載された史料調査の成果は本書執筆に大きな指針を与えてくれた。それればかりか、本書のタイトルに図録のメインタイトルをお借りすることにもなった。会期直前の人事異動で文化財保護課に移られたにも拘らず獅子奮迅の活躍をされた簗瀬氏および館長の峰岸純夫先生、学芸員の唐澤至朗氏をはじめとする群馬県立歴史博物館の皆様に深甚の謝意を表したい。

本書執筆の過程の出来事でもうひとつ嬉しかったのは、一九九九年八月、滋賀県野洲町に三上山の写真を撮影に出掛けた際、八田正文先生御夫妻と知己を得ることができたことである。長く京都の高校で物理の教師をつとめた八田先生は、居を野洲町に定めたのを契機に、「風景の中の生きた三上山の姿」を記録することを思い立ち、四季折々に美しく変化するその表情を刻々カメラに収めておられる。一四七ページに使用させていただいた写真は、季節・時間と地形をふまえて三上山の望見できる地点を綿密に計算したうえで撮影されたその貴重な一点である。私はこの写真から、三上山が大むかでの居所とされたことと、都人にとって秀郷が東方の異界の魔物から京都を護る英雄とされた理由をすんなりと実感することができた。

冒頭に述べたように、本書は実在の藤原秀郷一代の伝記として企画されたが、結果的にこのような内容になってしまったものである。伝記執筆の機会を与えられ、督励・御指導くださった日本歴史学会理事会の先生方、伝記の範疇を逸脱するものになったにも拘らず、積極的に出版を進めてくださった吉川弘文館編集部の皆様にあつくお礼を申し上げて擱筆したい。

二〇〇一年十月

野口　実

人名索引

（図・表およびそのキャプションに所見するものと研究者名は除く）

か

さ

た

な

は

ま

や

ら

わ

著者略歴

一九五一年　千葉市に生まれる
一九八一年　青山学院大学大学院文学研究科史学専攻博士課程修了（文学博士）
千葉県公立高校教諭、平安博物館専任講師、京都府京都文化博物館主任学芸員、鹿児島経済大学社会学部教授などを経て
現在　京都女子大学名誉教授・同大学宗教・文化研究所客員研究員

〔主要著書〕
『坂東武士団の成立と発展』（弘生書林、一九八二年）
『武家の棟梁の条件―中世武士を見なおす―』（中央公論社、一九九四年）
『中世東国武士団の研究』（高科書店、一九九四年）
『源氏と坂東武士』（歴史文化ライブラリー、吉川弘文館、二〇〇七年）
『東国武士と京都』（同成社、二〇一五年）

伝説の将軍　藤原秀郷〈新装版〉

二〇〇一年（平成十三）十二月二十日　第一版第一刷発行
二〇一九年（平成三十一）一月二十日　新装版第一刷発行

著　者　野《の》口《ぐち》実《みのる》
発行者　吉　川　道　郎
発行所　株式会社　吉川弘文館
郵便番号一一三―〇〇三三
東京都文京区本郷七丁目二番八号
電話〇三―三八一三―九一五一〈代表〉
振替口座〇〇一〇〇―五―二四四番
http://www.yoshikawa-k.co.jp/
印刷＝株式会社 精興社
製本＝ナショナル製本協同組合
装幀＝渡邉雄哉

ISBN978-4-642-08346-1

その後の東国武士団 源平合戦以後（歴史文化ライブラリー）

関　幸彦著　　四六判・二四〇頁／一七〇〇円

坂東八ヵ国と伊豆・甲斐の国々に蟠踞した東国武士団。彼らは、源平争乱後の時代をどのようにして生き抜いていったのか。佐竹・小山・宇都宮・新田・足利・武田・伊東・千葉氏など、室町・戦国期における消長を辿る。

平将門と東国武士団（動乱の東国史）

鈴木哲雄著　　四六判・二三六頁・原色口絵四頁／二八〇〇円

東国国家樹立を目指した平将門の乱は何をもたらしたのか。将門追討で功をなした人々の系譜を辿り、保元・平治の乱にいたる東国武士団の動勢に迫る。坂東の水上交通や自然環境にも注目し、中世成立期の東国を描く。

平将門の乱（戦争の日本史）

川尻秋生著　　四六判・二五六頁・原色口絵四頁／二五〇〇円

平安貴族社会を揺るがした辺境の反乱＝平将門の乱。全国各地に伝説が残り、今なお人々の絶大な信仰を集める将門の知られざる実像とその時代を、『将門記』や新史料などから描き出し、将門の乱の歴史的影響を検証する。

（価格は税別）　　吉川弘文館

将門記を読む（歴史と古典）

川尻秋生著　四六判・二五六頁・原色口絵四頁／二八〇〇円

平将門の夢と挫折を描く『将門記』。終わらない報復合戦、藤原純友との共謀説、使用された武器、内海に囲まれた坂東と民衆にとっての乱の意味など、多彩な視点から解明。また全国の将門伝説から、現代の将門像に迫る。

将門伝説の歴史（歴史文化ライブラリー）

樋口州男著　四六判・二四〇頁／一七〇〇円

平安中期、新皇と称し坂東に王城建設を試みた平将門。敗死後の評価は叛逆者と英雄との狭間で揺れ、荒ぶる魂を鎮めるべく大手町の首塚や神田神社が築かれた。時代と地域によりさまざまに育まれた将門伝説の世界へ誘う。

跋扈する怨霊　祟りと鎮魂の日本史（歴史文化ライブラリー）

山田雄司著　四六判・二〇八頁／一七〇〇円

長屋王、菅原道真、崇徳院…。非業の死を遂げ、祟りや災いを起こした怨霊は、為政者により丁寧に祀られた。虚実とりまぜて論じられがちな怨霊の創出と鎮魂の実態を実際の史料に基づいて辿り、怨霊を時代の中に位置づける。

（価格は税別）

吉川弘文館

摂関政治と地方社会（日本古代の歴史）

坂上康俊著　四六判・二五四頁・原色口絵四頁／二八〇〇円

応天門の変や菅原道真左遷で、藤原氏は他氏を排斥し権力を掌握する。摂政・関白による政策決定、受領による地方支配、浄土教信仰の浸透…。この時代の政治・経済・社会を、東アジアとの交流など、新視点を交えて描く。

覚醒する〈関東〉平安時代（古代の東国）

荒井秀規著　四六判・三三二頁・原色口絵四頁／二八〇〇円

平安時代、東国の律令社会はどのように変化したのか。「兵《つわもの》」誕生と勢力拡大の背景を、事件・災害・土地開発・信仰・他地域との交流などから探る。〈関東〉としての自立に目覚め、古代社会の終焉に向かうさまを描く。

院政と武士の登場（日本中世の歴史）

福島正樹著　四六判・二八〇頁・原色口絵四頁／二六〇〇円

院政という新しい政治形態と、武士の登場は歴史に何をもたらしたのか。白河上皇の院政開始から武士が台頭する保元・平治の乱までの政治の流れを描き出し、古代から中世へと転換していく社会の姿を浮き彫りにする。

吉川弘文館

（価格は税別）